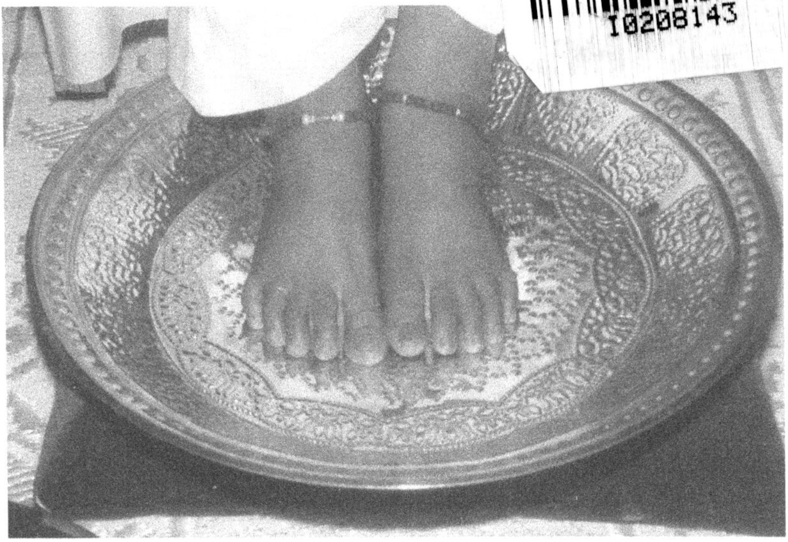

„Oh Göttliche Mutter, die Du jedem Segen
und Höchste Erkenntnis schenkst.
Gebieterin meiner Bestimmung, komm',
laß mich Dich empfangen,
die Du in meinem Herzen wohnst.

Soweit ich mich erinnern kann,
hatte ich das Gefühl die Blume zu sein,
die Deinen Füßen dargebracht wird.
Ich habe Dich in den Tiefen meiner Seele gesucht,
beim Singen von tausend Hymnen der Verehrung
und ich wurde völlig eins mit Dir.

Ich war ein einsamer Reisender
auf dem ekstatischen Pfad der Liebe,
mein Herz öffnete sich, und ich sah Dein Antlitz
in jeder Blume und in jedem Blatt,
das mein Blick streifte.
Verwundert stand ich da
und nahm nichts anderes mehr wahr."

Abhishta Varadayike

POO

Inhalt

Einführung 6

Rituelle Verehrung 14

Die 108 Namen von Mata Amritanandamayi 35

Die 108 Namen von Devi, der Göttlichen Mutter 48

Die 108 Namen von Sri Krishna 58

Die 108 Namen von Shiva 66

Die 108 Namen von Sri Rama 74

Hinweise zur Aussprache 82

Glossar 84

Einführung

Die Puja oder rituelle Verehrung von Götterbildern oder Göttern nimmt in der spirituellen Praxis einen besonderen Platz ein. Sie bietet uns die Möglichkeit, unsere Liebe und Hingabe auf einfache Weise zum Ausdruck zu bringen und dem Göttlichen näherzukommen. Hinter der Puja steckt der Gedanke, den Suchenden vom Bekannten zum Unbekannten zu führen. Die Meister der Upanishaden wandten eine spezielle Methode an, um ihren Schülern transzendentes Wissen zu vermitteln. Sie brachten die Teile des Menschen, mit denen er in Kontakt zur Welt tritt - den Körper, Geist und Intellekt - auf der Handlungsebene mit der transzendenten Wirklichkeit in Verbindung. Durch diesen Prozeß wurden Körper, Geist und Intellekt gereinigt. Die höchste Wirklichkeit kann nur mit einem reinen Geist erkannt werden, denn in ihm spiegelt sich das unendliche Bewußtsein. Wenn das Medium nicht sauber ist, entsteht keine klare Reflektion, so wie ein staubiger Spiegel einen Gegenstand nicht klar reflektieren kann. In der Puja wird dieses Medium gereinigt, indem wir uns ganz auf Gott konzentrieren, der vor uns sitzt.

Puja wird nicht nur in Tempeln durchgeführt, wir können sie auch bei uns zu Hause ausführen. Wir verehren Gott in unseren Satsang-Treffen, vor allen wichtigen Unternehmungen und in unserem eigenen Pujaraum als tägliche spirituelle Praxis. Wenn wir zu Hause oder bei einem Satsang-Treffen eine Puja ausführen, ist meist kein Priester zugegen, der uns Anleitung geben kann. Es ist deshalb von Vorteil, das Pujasystem zu erlernen, weil es die Konzentration des Geistes in besonderem Maße fördert.

Sowohl Männer als auch Frauen können eine Puja ausführen. Die tägliche Ausführung ist besonders wirksam. Falls wir keine Zeit dafür haben, können wir zumindest ein paar Blumen opfern.

Frauen sollten während ihrer Periode keine Puja durchführen. Im Körper befindet sich ein radförmiges Netz von feinen Nerven, das Unreinheiten sammelt, die während der Periode ausgeschieden werden.

Diese natürliche Reinigung ist den Frauen vorbehalten, die auf diese Weise einen regelmäßigen Reinigungsprozeß durchlaufen, der ihnen die Überwindung von Maya erleichtern kann, zumindest auf körperlicher Ebene.

Mit Hilfe von Ritualen sollen in uns und um uns herum Gedanken und Schwingungen von spirituellen Kräften geschaffen werden. Dies wird am besten durch das Singen oder Rezitieren von Mantren sowie durch bestimmte Handlungen und Opferungen erreicht. Die Sanskritverse oder slokas sind starke Quellen spiritueller Kraft.

Gegenstände, die wir für unseren Altar benötigen

Das Pujatablett sollte schön sein und Platz für mehrere Schälchen und Gefäße für die Opfergaben bieten. Die Pujagegenstände sollten für nichts anderes als die Puja verwendet werden.

Es werden folgende Artikel benötigt:

1. zwei Wassergefäße: eines für die Gottheit und eines für den eigenen Gebrauch;
2. zwei kleine Löffel: einer für das Opfern von Wasser und einer für den eigenen Gebrauch;
3. ein Messingteller für die Badezeremonie;
4. eine kleine Schale zum Auffangen von gebrauchtem Wasser;
5. ein Messingteller mit unzerbrochenen, ungekochten Reiskörnern, die vermischt werden mit ein oder zwei Tropfen Öl und mit genügend Turmerik (Kurkuma oder Gelbwurz), um den Reis gelb zu färben;
6. so viele Blumen wie gewünscht;
7. eine schöne Öllampe, die während der ganzen Puja angezündet bleibt;
8. ein Dipa-Löffel mit einem aus Watte geformten Docht;
9. eine Glocke von kleiner oder mittlerer Größe (vorzugsweise reines Messing);
10. ein Räucherstäbchenhalter;
11. ein Teller mit Vibhuti (mit heiliger Asche);

12. ein Teller oder kleines Töpfchen mit Sandelholzpaste;
13. ein kleiner Teller mit Kumkum (Zinnoberpulver);
14. eine kleine Schale mit Deckel für das Nahrungsopfer;
15. ein Kampferlöffel;
16. ein kleiner Korb oder ein Tablett für die Blumen;
17. kleine Schälchen für die Substanzen, mit denen die Gottheit gebadet wird;
18. zwei Tücher: eines, um die Gottheit abzutrocknen, und eines für die eigenen Hände;
19. schöne Kleider für die Gottheit;
20. eine Girlande (falls gewünscht);
21. eine kleine Öllampe, die als zweite Lampe dem Anzünden der Räucherstäbchen etc. dient;
22. eine Streichholzschachtel.

Einige Hinweise zur Vorbereitung und Durchführung der Puja

Die Vorbereitungen sind für die Durchführung der Puja von größter Wichtigkeit. Das Sammeln von Blumen, die Reinigung des Tempelraums und der Pujagegenstände, die Vorbereitung der Öllampen und des Nahrungsopfers - all diese Dinge sollten mit Achtsamkeit ausgeführt werden. Während der Vorbereitungen werden der Göttliche Name, ein Mantra oder Lieder zur Verehrung Gottes gesungen, denn dies bringt die Gegenwart Gottes stärker ins Bewußtsein. Die Vorbereitung des Pujaraums ist ein wesentlicher Bestandteil der Zeremonie.

Die Person, die die Puja ausführt (der Pujari oder die Pujarini), sollte vorher baden und immer frisch gewaschene Kleidung tragen. Nach Betreten des Tempelraums verneigt sie sich vor der Gottheit. Vor Beginn der Puja richtet sie nochmals einen prüfenden Blick auf den Altar, um sicherzustellen, daß alle erforderlichen Gegenstände vorhanden sind und nichts vergessen wurde. Falls etwas vergessen wurde, würde dies den Fluß der Puja stören. Die Gegenstände werden bei jeder Puja auf dieselbe Weise angeordnet, so daß man sie problemlos greifen kann, wenn sie gebraucht werden. Sie werden rechts vom Pujari aufgestellt, wobei die meistgebrauchten Dinge näher stehen sollten. Nachdem die Gegenstände geopfert wurden, stellt der Pujari sie zu seiner Linken ab.

Falls die Fläche, auf der die Gottheit steht, dafür geeignet ist, kann man dort zu Beginn mit einem Stück Kreide einen achtblättrigen Lotus mit einem Punkt in der Mitte zeichnen. Der Punkt symbolisiert den Herzenslotus. Der Lotus läßt sich einfach zeichnen, indem man zwei Quadrate folgendermaßen kombiniert:

1. Götterbild oder Götterstatue
2. Wassergefäß und Löffel für die Gottheit
3. Gefäß mit Öl zum Nachfüllen
4. Wassergefäß und Löffel für den Pujari
5. Dipa-Löffel
6. Kampferlöffel
7. Blumen
8. Nahrungsopfer
9. Tuch für die Hände des Pujari
10. Tuch zum Abtrocknen der Gottheit
11. Kleidung für die Gottheit
12. Auffangschale für gebrauchtes Wasser
13. Teller mit Kumkum, Sandelholz, Reis, etc.
14. Glocke
15. Hauptlampe und zweite Lampe
16. Schälchen mit den Badesubstanzen
17. Messingteller für das Bad
18. Räucherstäbchenhalter
19. Pujari

Wenn alles richtig aufgestellt ist, schließt der Pujari seine Augen und geht für kurze Zeit in die Stille. Er richtet seine Gedanken ganz auf Gott und die heilige Puja, die er in Kürze ausführen wird. Er sitzt mit gekreuzten Beinen vor dem Altar, entweder der Gottheit gegenüber

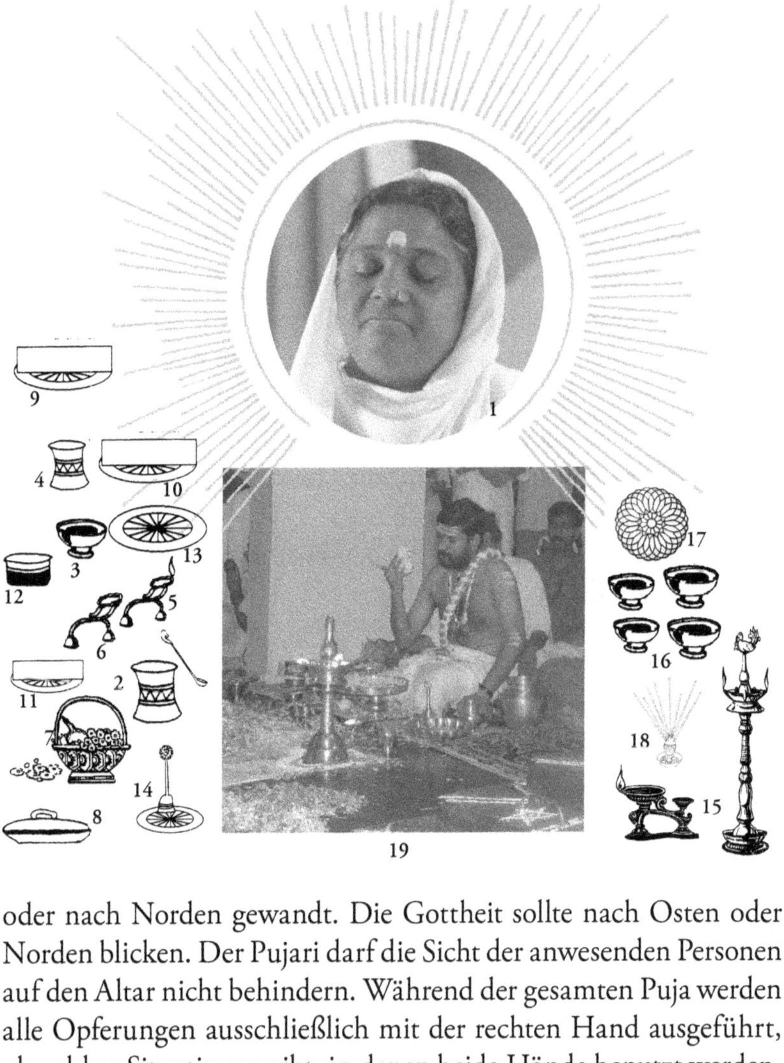

oder nach Norden gewandt. Die Gottheit sollte nach Osten oder Norden blicken. Der Pujari darf die Sicht der anwesenden Personen auf den Altar nicht behindern. Während der gesamten Puja werden alle Opferungen ausschließlich mit der rechten Hand ausgeführt, obwohl es Situationen gibt, in denen beide Hände benutzt werden. Während die verschiedenen Opfergaben dargeboten werden, berührt die linke Hand den rechten Ellenbogen, um den „Kreis" des Nervensystems zu schließen und die Opferung damit „voll" zu machen.

Das Nahrungsopfer ist ein wichtiger Teil der Puja, und es sollten frische Früchte geopfert werden. Die Nahrung bleibt bis zum entsprechenden Teil der Puja zugedeckt und wird dann nach Entfernen des Deckels der Gottheit dargeboten. Die Gottheit kann die feine Essenz der Nahrung aufnehmen. Man deckt die Nahrung bis zur Opferung zu, um ihre Reinheit zu bewahren und sie den Blicken der Anwesenden zu entziehen. Nach der Puja kann die Nahrung von allen als prasadam, als von Gott gesegnete Speise, genossen werden.

Wenn man der Gottheit Wasser anbietet, nimmt man den Löffel mit Wasser in die linke Hand, hält eine Blume in der rechten Hand und gießt das Wasser in diese Hand. Das Wasser wird dann mit dieser Hand auf den Messingteller der Gottheit geopfert. Die Hauptlampe sollte nicht nach Süden oder Westen gerichtet sein. Die Hände müssen mit einem Löffel Wasser gewaschen werden, wenn sie Quellen der Unreinheit berühren, wie z.B. die zweite Lampe, Dinge, die der Gottheit bereits geopfert wurden, die eigenen Füße, Beine, Lippen, Haare, Nase, den eigenen Kopf, den Mund oder den Boden. Diese Regeln wurden aufgestellt, um die Achtsamkeit zu schulen. Durch Gähnen, Nießen oder Husten entsteht ebenfalls Unreinheit. Wenn man es nicht vermeiden kann, sollte man die Hand oder ein Tuch vor den Mund halten. Danach berührt man das rechte Ohr dreimal, während man zur Reinigung den Göttlichen Namen wiederholt. Es ist streng verboten, an den zur Opferung vorgesehenen Dingen zu riechen, sie zu kosten oder zu genießen. Nach der Puja können sie als prasadam genossen werden.

Die folgenden Gegenstände sollten nicht den Boden oder Teppich berühren und notfalls auf ein Blatt oder einen Teller gestellt werden: die Gottheit, die Glocke, das Wassergefäß für den eigenen Gebrauch, die Öllampen, die Blumen, die Kleider der Gottheit, das heilige Wasser, das prasadam (heilige Asche, Sandelholzpaste, Kumkum und das Nahrungsopfer) und der Kampfer. Falls keine Blumen vorhanden sind, können stattdessen Blätter von blühenden Bäumen, Basilikumblätter, Reis oder Kumkum geopfert werden. Gefäße aus Stahl, Plastik oder Eisen sollten nicht verwendet werden. Nach der Puja werden die geopferten Blumen, das Wasser etc.

zu Füßen eines Baumes gelegt, in einen Fluß gestreut oder an eine Stelle gebracht, die niemand betritt.

Zu Beginn der Puja rezitiert der Pujari einen Abschnitt, der sankalpa oder 'Entschluß' genannt wird. Sobald dieser Abschnitt gesprochen wurde, darf der Pujari die Puja nicht mehr unterbrechen, abbrechen oder sich mit anderen Pflichten beschäftigen. Falls die Zeit drängt, kann die Puja in abgekürzter Form durchgeführt werden, indem man nur Bad, Licht, Räucherstäbchen, Nahrung und Blumen darbietet und danach das Aarati ausführt. Auch wenn in Eile durchgeführt, ist die Puja nicht beendet, bis die Schlußmantren gesprochen sind. Nach der Puja kann der Pujari noch eine Weile in Stille sitzen, den entstandenen Frieden genießen und meditieren.

Diese Puja wurde für Mata Amritanandamayi entworfen, da Sie normalerweise von Ihren Anhängern als Göttliche Mutter verehrt wird. Ammas Anhänger werden die Puja sicherlich ausführen, um Ihre Gnade zu erlangen, denn die Gnade des Gurus ist der größte Segen für den Schüler oder Anhänger einer verwirklichten Seele. Es wurden jedoch am Ende des Buchs Versionen mit den 108 Namen von Devi, Krishna, Rama und Shiva hinzugefügt, weil der Pujaablauf im Grunde für alle Aspekte Gottes derselbe ist. Eine Stelle im Sankalpa-Abschnitt wurde markiert, da sie entsprechend dem Aspekt Gottes, der verehrt wird, geändert werden sollte.

Das mula mantra (Grundmantra) der Puja lautet:

Oṁ Amṛteśvaryai Namaḥ

Man sollte es vor jeder Opferung wiederholen. Man kann die deutschen Verse, die Sanskritverse oder beide zusammen verwenden, so wie es jeweils am günstigsten ist. Falls außer dem Pujari noch weitere Personen anwesend sind, ist es schön, ab dem Abschnitt 'Verehrung der Lampe' statt 'ich' 'wir' zu sagen, also z.B. statt 'ich verneige mich' 'wir verneigen uns'. Alle entsprechenden Stellen der Puja sind dann in diesem Sinne abzuändern.

Die verschiedenen Substanzen und Gefäße können in speziellen indischen Läden gekauft werden. Am Ende des Buchs finden Sie Hinweise zur Aussprache des Sanskrit.

Rituelle Verehrung

Sudhi

Reinigung

Im ersten Teil der Puja findet eine Reinigung statt, bei der die „dämonischen Kräfte" oder schlechten Neigungen vertrieben und die Götter oder guten Neigungen gerufen werden.

Atma suddhi (Innere Reinigung)

Nachdem der Pujari sich auf seinem asana oder Sitz niedergelassen hat, nimmt er aus dem für ihn bestimmten Wassergefäß einen Löffel Wasser und wäscht damit seine rechte Hand über der Auffangschale, um die Hand rituell zu reinigen. Nach jeder der nachfolgenden Zeilen gibt er einen Löffel Wasser in die rechte Handfläche und trinkt es vom Handballen:

acyutāya namaḥ – Ich verneige mich vor dem Unveränderlichen
anantāya namaḥ – Ich verneige mich vor dem Unendlichen.
govindāya namaḥ – Ich verneige mich vor dem Herrscher über die Sinne.

Danach wäscht er die rechte Hand mit einem Löffel Wasser über der Auffangschale. Das Trinken des Wassers wird achamanam oder reinigendes Trinken genannt. Anschließend werden drei Pranayamas durchgeführt. Hierfür wird die rechte Hand und der Daumen gegen den rechten Nasenflügel gepresst, während man durch

den linken Nasenflügel einatmet. Der Atem wird für ungefähr zwei Sekunden angehalten. Die Ausatmung erfolgt durch den rechten Nasenflügel, indem man mit Ringfinger und kleinem Finger der rechten Hand den linken Nasenflügel verschließt. Die Einatmung erfolgt dann durch den rechten Nasenflügel, während der linke immer noch verschlossen bleibt. Der Atem wird wiederum zwei Sekunden lang angehalten. Danach atmet man durch den linken Nasenflügel aus, während der rechte verschlossen wird. Dieser gesamte Vorgang zählt als ein Pranayama. Während wir die drei Pranayamas ausführen, stellen wir uns vor, daß wir göttliche, reinigende Lebenskraft oder prana shakti einatmen und alle Gedanken außer dem Gedanken an Gott ausatmen.

Asana suddhi (Reinigung des Sitzes)

Gib einen Löffel Wasser aus dem für den Pujari bestimmten Wassergefäß in die rechte Hand, besprenge damit den Sitz oder asana und sage:

> Oh Mutter Erde, Du trägst die gesamte Schöpfung und bist heilig, weil Gott Dich erhält. Da ich auf Dir sitze, segne bitte mich und diesen Sitz.

Dipa Puja

Verehrung der Lampe

Entzünde die zweite Lampe und mit dieser die Hauptlampe. Tupfe mit dem Ringfinger der rechten Hand ein klein wenig Sandelholzpaste und anschließend Kumkum auf den oberen und unteren Teil der Lampe. Lege eine Blume zu Füßen der Lampe und sage dabei:

> Ich verneige mich vor dem Höchsten Licht! Bitte vertreibe die Dunkelheit der Unwissenheit und schenke mir einen ruhigen, steten Geist.
>
> **Om dīpa pūjā samarpayāmi.**

Ghanta Puja

Verehrung der Glocke

Tupfe etwas Sandelholzpaste und Kumkum auf den oberen Teil der Glocke. Lege eine Blume zu Füßen der Glocke und sage:

Ich verneige mich vor allen Devas (Göttern)! Der Klang dieser Glocke, OM, möge in meinem Herzen widerhallen. Alle guten Neigungen, die Devas, mögen in mein Herz gerufen werden und alle schlechten Schwingungen verschwinden.

oṁ āvāhitābhyo sarvābhyo
devatābhyo namaḥ

Läute die Glocke laut mit der rechten Hand und sage dann:

ghanta pūjā samarpayāmi.

Kalasha Puja

Anrufung der heiligen Wasser

Tupfe Sandelholzpaste und Kumkum auf drei Seiten des Wassergefäßes für die Gottheit und gib Blumen und heilige Blätter (z.B. Tulasi oder Basilikum), etwas Sandelholzpaste und Reis in das Wasser. Bete, während die rechte Hand den Topf bedeckt:

Möge Gott Vishnu in die Öffnung dieses Gefäßes gerufen werden, Gott Rudra in den Hals, Gott Brahma in den Boden und die Mütter der Welt in seinen Bauch.

kalaśasye mukhe viṣṇuḥ - kaṇṭhe rudraḥ samāśritaḥ
mūle tatra sthito brahmā - madhye mātṛgaṇā smṛtāḥ

Oh Flüsse Ganga, Yamuna, Godavari, Saraswati, Narmada, Sindhu und Kaveri - bitte fließt in diesem heiligen Wasser zusammen. Mögen alle heiligen Flüsse der Welt hier vereinigt sein

gange cā yamune caivā godāvarī sarasvati
narmade sindhū kāveri – jalesmin sannidhim kuru

Tauche eine Blume in das heilige Wasser und sprenge mit ihr etwas Wasser auf die Gottheit, Dich selbst und die Pujagegenstände.

Sankalpa

Entschluß

Gib einen Löffel heiliges Wasser, eine Prise Reis und eine Blume oder ein Tulasiblatt in die rechte Hand und bedecke sie mit der linken. Die rechte Hand ruht auf dem rechten Knie während der sankalpa rezitiert wird. Je nach Tages- oder Nachtzeit setzt man eine der unten aufgeführten Zeiten an entsprechender Stelle ein. Beim letzten Wort der Rezitation karīśye wird der Reis mit dem Wasser auf den Messingteller gegeben, der für das Bad der Gottheit bestimmt ist. Nach Sprechen des sankalpa darf der Pujari die Puja nicht mehr unterbrechen oder verlassen, bis die abschließenden Mantren rezitiert wurden.

Möge ich Dich, oh Sadguru Amritanandamayi Devi, jetzt, in diesem glückverheißenden Augenblick, in der Ewigkeit und Allgegenwärtigkeit, an diesem glückverheißenden Tag, zufriedenstellen. Ich führe diese Zeremonie zur Verehrung der Höchsten Göttin (falls eine andere Gottheit verehrt wird, hier stattdessen einfügen) aus, um Hingabe, Weisheit und Befreiung von Anhaftung zu erlangen.

oṁ ādya evam guṇa sakalā
viśesena viśiṣṭāyām - asyām śubhatithau
oṁ mātā amṛtānandamayi devim uddiśya
satguru prītyārtham
bhakti jñāna vairāgya siddhyārtham

yathā śaktī (füge die Tageszeit ein)[1]
parameśvarī (oder andere Gottheit, die verehrt wird)
pūjānam karīśye

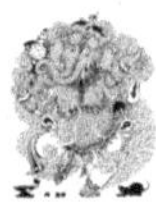

Vignesvara Puja

Verehrung von Ganesh

Erinnere Dich an Gott Ganeshas Form. Falls ein Bild oder eine Statue von Ganesha auf dem Altar steht, tupfe etwas Sandelholzpaste und Kumkum auf Ihn, lege eine Blume zu Seinen Füßen und sprich mit gefalteten Händen:

OM. Oh Ganesha, Du bist in ein leuchtendweißes Gewand gehüllt und durchdringst das gesamte Universum. Du leuchtest hell wie die elfenbeinfarbenen Strahlen des Vollmonds, hast vier starke Arme und ein bezaubernd glückliches Gesicht. Ich meditiere auf Dich, Ganesha, damit alle Hindernisse bezwungen und in Frieden verwandelt werden.

oṁ śuklāmbaradharam viṣnum
śaśivarṇam caturbhujam
prasanna vadanam dhyāyet
sarva vighnopa śāntaye
śrī ganeṣa prārthana samārpayāmī

ॐ Atma Puja

Verehrung des Selbst

Trage heilige Asche und (falls gewünscht) einen Kumkum-Punkt auf die eigene Stirn auf und bete:

oṁ ātmane namaḥ – oṁ antarātmane namaḥ

---

1 **ushat kāla:** *Morgenstunde vor Sonnenaufgang;* **prātah kāla:** *Sonnenaufgang;* **madhyāna kāla:** *Tag;* **sāyam kāla:** *Abend;* **śayana kāla:** *Nacht.*

oṁ paramātmane namaḥ – oṁ jñānātmane namaḥ

OM, ich verneige mich vor dem Selbst.
OM, ich verneige mich vor dem Inneren Selbst.
OM, ich verneige mich vor dem Höchsten Selbst.
OM, ich verneige mich vor dem Selbst des Göttlichen Wissens.

Lege eine Blume auf Deinen Kopf und sage, während Du Dich daran erinnerst, daß die Göttliche Mutter in Deinem eigenen Herzen wohnt und als 'ICH' in Dir leuchtet:

ātma pūjā samarpayāmi.

Dhyanam

Meditation

Falte die Hände und stell Dir vor, daß Amma vor Dir sitzt. Bete:

Ich meditiere auf Dich, Mata Amritanandamayi, die Du einen weißen Schleier trägst und von hellem Glanz umgeben bist. Du bist immer in der Wahrheit verankert und Deine liebevollen Blicke erwecken Zuneigung. Du offenbarst alle sechs göttlichen Eigenschaften und auf Deinem anmutigen, heiligen Gesicht liegt ein sanftes Lächeln. Du verströmst unablässig den Nektar der Liebe und singst auf lieblichste Weise hingebungsvolle Lieder zu Ehren Gottes. Deine Haut gleicht der regenwolkenfarbenen Haut Krishnas und von Deinen Lippen fließen die Worte süß wie Honig. Du bist die Verkörperung der Unsterblichen Glückseligkeit und bist die Höchste Göttin Selbst.

dhyāyāmo-dhavalāvaguṇṭhana-vatīṁ
tejomayīm-naiṣṭhikīṁ
snigdhāpāṅga-vilokinīm-bhagavatīṁ
mandasmita-śrī-mukhīṁ
vātsalyāmṛta-varṣiṇīm-sumadhuraṁ
saṅkīrttanālāpinīṁ

śyāmāṅgīṁ-madhu-sikta-sūktīṁ
amṛtānandātmikāmīśvarīṁ

Opfere Amma eine Blume und sage:

> Oh Sadguru Mata Amritanandamayi, bitte nimm diese Meditation an!
>
> **oṁ amṛteśvaryai namaḥ**
> **satguru mātā amṛtānandamayīm dhyāyāmi.**

Sthana Pita Puja

Verehrung des Sitzes der Gottheit

Tupfe Kumkum in die Mitte des Badetellers und singe dreimal OM.

Avahanam

Einladung

Nimm eine Blume in die rechte Hand und halte sie gegen Dein Herz. Stell Dir vor, daß Amma in Deinem Herzen wohnt. Nimm einen tiefen Atemzug und atme durch die Nase auf die Blume aus, während Du Dir vorstellst, daß Ammas Gegenwart in die Blume strömt. Berühre dann mit der Blume Ammas Kopf und führe sie bis zu Ihren Füßen. Lege diese Blume und noch weitere auf den Badeteller, zeige Amma den Teller mit nach oben gedrehten Handflächen. Lade Sie ein, dort Platz zu nehmen und sage:

> Oh Göttliche Mutter, Du bist allwissend und allgegenwärtig. Bitte segne diese Puja. Komm und nimm einen festen Platz in meinem Geist ein. Segne mich mit Deiner Gegenwart und Nähe. Ich heiße Dich willkommen!

oṁ amṛteśvaryai namaḥ
satguru mātā amṛtānandamayīm āvāhayāmi.

Asanam

Anbieten des Sitzes

Stell Dir vor, daß Amma auf einem goldenen Thron vor Dir sitzt, Dich segensreich anlächelt und darauf wartet, als Gast geehrt zu werden. Opfere eine Blume zu Ihren Füßen und sage:

> Für Dich habe ich diesen prächtigen edelsteinbesetzten, löwenfüßigen Thron als Sitz hergerichtet, oh Göttliche Mutter. Du bist die Bewohnerin meines Herzens und schenkst immerwährende Freude. Bitte nimm dieses Angebot wohlwollend an!

oṁ amṛteśvaryai namaḥ
ratna siṁhāsanam samarpayāmi.

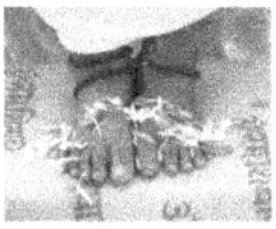

Padyam und arghyam

Waschung von Händen und Füßen

Gieße einen Löffel heiliges Wasser in die rechte Hand und lege eine Blume hinein. Opfere beides Amma, indem Du es vor Sie hältst, Ihr zeigst und dann auf den Badeteller gibst. Während der ganzen Puja werden alle Wasseropferungen auf diese Weise ausgeführt. Stell Dir, während Du die ersten Zeilen sprichst, vor, daß Du Ammas Füße wäschst. Opfere einen weiteren Löffel reines Wasser, während Du die letzten Zeilen sprichst, und stell Dir vor, daß Du Ihre Hände wäschst.

> Jetzt bade ich ergebenst jeden Deiner Lotusfüße. Sie sind die Quelle der heiligen Flüsse, Gegenstand der Meditation von Yogis und die Stütze hilfloser Verehrer.

Ich wasche sanft jede Deiner kostbaren Hände, die damit beschäftigt sind, das Dharma, die göttliche Weltordnung, wiederaufzurichten, die Verehrer zu trösten und Hindernisse auf dem Weg zur Befreiung wegzuräumen. Oh Mutter, Du bist die Beschützerin des Dharma und schenkst Wohlstand und Befreiung.

oṁ amṛteśvaryai namaḥ
pādayoḥ pādyam samarpayāmi
hastayoḥ arghyam samarpayāmi.

Achamaniyam

Reinigendes Trinken

Biete Amma einen Löffel heiliges Wasser an und stell Dir vor, daß Sie es in die Hand nimmt, um es zu trinken. Sage:

Oh Göttliche Mutter, ich biete Dir ergebenst frisches, reines Wasser zum Trinken an.

oṁ amṛteśvaryai namaḥ
ācamanam samarpayāmi.

Madhu Parkam

Honig und Yoghurt

Biete Amma als Erfrischung einen Löffel Yoghurt an, der mit etwas Honig vermischt ist, und sage:

Göttliche Mutter, bitte nimm diese Gabe von Honigyoghurt an.

oṁ amṛteśvaryai namaḥ
madhuparkam samarpayāmi.

Abhishekam

Badezeremonie

Entferne hauptsächlich mit der rechten Hand die Kleidung der Gottheit und lege sie auf einen separaten Teller. Die getragene Kleidung sollte nach der Puja mit frischem Wasser gewaschen und für die nächste Puja getrocknet werden. Gebe einige Tropfen Duftöl auf den Ringfinger der rechten Hand und berühre den Kopf der Gottheit. Betupfe dann den ganzen Körper. Wenn ein ungerahmtes, ungeschütztes Photo der Gottheit verwendet wird, sollte man natürlich kein Öl, Wasser oder ähnliche Substanzen auftragen. In diesem Fall werden die Substanzen der Gottheit auf dem Photo kurz gezeigt und dann direkt auf den Badeteller gegeben. Läute die Glocke mit der linken Hand und wiederhole ständig:

oṁ amṛteśvaryai namaḥ

während Du mit der rechten Hand mit dem Löffel Wasser über die Gottheit gießt. Falls möglich, können auch nachfolgende Substanzen für das Bad verwendet werden. Nach jeder Substanz wird jeweils ein Löffel Wasser über die Gottheit gegossen:

1. Milch
2. Joghurt
3. Honig
4. Ghee (gereinigte Butter)
5. Fruchtsalat
6. Frische Kokosmilch
7. Rosenwasser

Bade Amma zum Schluß mit frischem Wasser und sage:

> Oh Göttliche Mutter, bitte nimm dieses Bad an, für welches das reine und saubere Wasser der heiligen Flüsse Ganga, Godavari, Krishna und Yamuna verwendet wurde, die sich alle hier versammelt haben.

gaṇgā godāvari kṛṣṇā yamunābhyaḥ
samāhṛtam
salilaṁ vimalaṁ śuddhaṁ snānārtha
pratigṛhṛtām
oṁ amṛteśvaryai namaḥ
śuddhodakena snapayāmi.

Biete der Gottheit nach dem Bad einen Löffel Wasser an und sage:

Bitte nimm nach Deinem Bad dieses kühle Wasser als Erfrischung an.

snānānantaram ācamanīyam samarpayāmi

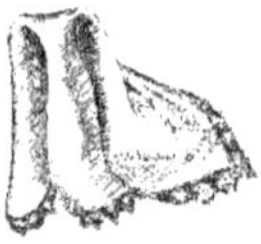

Vastram

Kleidung

Trockne die Gottheit mit einem sauberen Tuch ab und stelle Sie auf einen trockenen Teller oder ein trockenes Seidentuch auf dem Altar. Ziehe Ihr frische Kleidung an oder opfere eine Blume oder Prise Reis, während Du sagst:

Oh alldurchdringende Göttliche Mutter, bitte nimm diese prächtige Kleidung an.

oṁ amṛteśvaryai namaḥ
vastram samarpayāmi

Upavitam

Heiliger Faden

Biete einen heiligen Faden oder eine Blume oder Reis an und sage:

Oh Göttliche Mutter, Du verteilst die Früchte der Handlungen. Bitte nimm diesen weißen Baumwollfaden an, der Göttliches Handeln symbolisiert.

oṁ amṛteṣvaryai namaḥ
upavītam samarpayāmi

Abharanam

Schmuck

Lege Amma Schmuck an oder opfere eine Blume oder Reis und sage:

Lächle nicht über mich, der/die um Deinen Schutz bittet. Schmücke mich mit Deiner Gnade und errette mich, oh Göttliche Mutter! Bitte nimm diesen Schmuck an.

oṁ amṛteṣvaryai namaḥ
ābharaṇam samarpayāmi

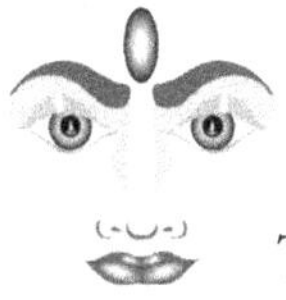

Chandanam

Sandelholzpaste, Kumkum und Vibhuti

Tupfe mit dem Ringfinger etwas heilige Asche, Sandelholzpaste und Kumkum auf die Stirn der Gottheit und sage:

Möge dieser göttliche Duft die Tore zu Nahrung und Wohlergehen öffnen, auf daß sie hervorströmen und nie versiegen, oh Mutter aller Lebewesen. Wie ein im Dunkeln Herumirrender nach Licht ruft, rufe ich nach Dir. Jetzt trage ich auf Deine Stirn reine weiße, heilige Asche auf sowie lieblich duftende Sandelholzpaste und rotes Kumkum.

gandhadvāram duradharṣam
nitya puṣtam karīṣinīṁ
īśvarīgam sarva bhūtānām
tāmihopahvaye ṣrīyam
oṁ amṛteśvaryai namaḥ
divya parimālā vibhūtī
kumkuma candanam dhārayāmi

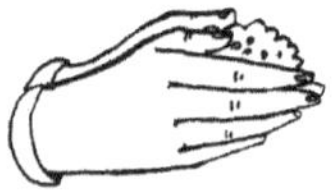

Pushpam

Blumen

Opfere eine Handvoll Blumen und sage:

Um meine Hingabe an Dich zu erfüllen, schenke ich Dir zu Deiner Freude frische Blumen, oh einzigartige Mutter!

oṁ amṛteśvaryai namaḥ
pūjārthe nānā vidha patra puṣpāni pūjayāmi.

Archana

108 (oder 1000) Namen der Gottheit

Rezitiere die 108 oder 1000 Namen der verehrten Gottheit. (Siehe dazu die 108 Namen von Amma und verschiedenen Gottheiten im letzten Teil des Buchs.) Opfere mit jedem Namen eine Blume oder etwas Reis oder Kumkum, indem Du es an Dein Herz hältst und dann mit nach oben gewendeter Handfläche auf die Füße oder den Kopf der Gottheit fallen läßt. Der Zeigefinger sollte dabei nicht verwendet werden.

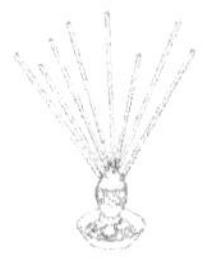

Dhupam

Räucherstäbchen

Zünde mindestens 2 Räucherstäbchen an der zweiten Lampe an und opfere der Gottheit den Wohlgeruch, indem Du sie dreimal im Uhrzeigersinn vor dem Gesicht der Gottheit schwenkst, während Du mit der linken Hand die Glocke läutest. Sage:

Ich biete Dir dieses feine Räucherwerk von unterschiedlichen Düften an, damit Du Dich am Wohlgeruch erfreuen kannst.

oṁ amṛteśvaryai namaḥ
dhūpam aghrāpayāmi

Dipam

Licht

Zünde den Docht des Dipa-Löffels an der zweiten Lampe an, tupfe etwas Sandelholzpaste und Kumkum auf den Löffel und schwenke ihn zusammen mit einer Blume mit der rechten Hand dreimal im Uhrzeigersinn vor der Gottheit, während Du mit der linken Hand die Glocke läutest. Sage, nachdem Du den Dipa-Löffel abgesetzt hast:

Ich habe dieses glückverheißende Licht vor Dir entzündet, denn im Feuer liegt spirituelles Wissen, das uns vor allem Übel schützt. Oh Göttliche Mutter, mögen Reinheit und Frieden sich um mich herum ausbreiten, so wie diese Flamme alles klar erleuchtet!

oṁ amṛteśvaryai namaḥ
divya maṅgala dīpam sandarśayāmi
Bitte nimm diese göttliche Flamme an, oh Höchstes Licht!

Biete einen Löffel Wasser zum reinigenden Trinken an und sage:

Dieses Räucherwerk und diese Flamme wurden Dir in der vorgeschriebenen Weise dargeboten. Bitte trinke nochmals kühles, süßes Wasser zur Erfrischung.

oṁ amṛteśvaryai namaḥ
dūpa dīpānantaram ācamanīyam samarpayāmi.

Naivedyam

Nahrungsopfer

Entferne den Deckel vom Nahrungsopfer. Tauche mit der rechten Hand eine Blume in das heilige Wasser und besprenge die Nahrung. Gieße dann einen Löffel Wasser in die rechte Hand und beschreibe drei Kreise um das Nahrungsopfer, während das Wasser langsam durch die Finger auf den Altar und um das Nahrungsopfer herum fließt. Biete die Nahrung an, indem Du mit der rechten Hand über die Nahrung zum Mund der Gottheit hin streichst, während Du folgende Zeilen sprichst:

oṁ prāṇāya svāhā
oṁ apānāya svāhā
oṁ vyānāya svāhā
oṁ udānāya svāhā
oṁ samānāya svāhā
oṁ brahmaṇe svāhā

Mit dieser Nahrung biete ich Dir die fünf lebenswichtigen Pranas an, die alles Leben erhalten. In aller Aufrichtigkeit und Liebe gebe ich Dir die Essenz dieses bescheidenen Tellers mit Nahrung. Mögest Du diese Essenz erhalten und sie zu den wohlschmeckendsten Mahlzeiten zählen, oh Göttliche Mutter.

oṁ amṛteśvaryai namaḥ
nānā vidha mahā naivedyam nivedayāmi

Biete dann nacheinander fünf Löffel Wasser an und sage dabei:

Während Deiner Mahlzeit bringe ich Dir kühles Wasser zum Trinken dar und ebenso zum Abschluß der Mahlzeit. Hier, oh Göttliche Mutter, ist Wasser, um Deine Hände zu reinigen, Deinen Mund auszuspülen und noch mehr kühles, süßes Wasser zum Trinken.

madhye madhye sītala pānīyam samarpayāmi
uttarāpoṣanam samarpayāmi
hasta prakṣālanam samarpayāmi
mukha prakṣālanam samarpayāmi
śuddhācamanīyam samarpayāmi

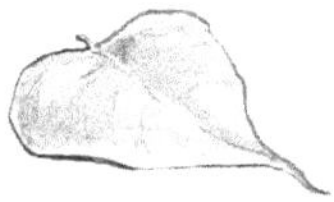

Tambulam

Betelblatt und Nuß

Opfere eine Blume oder Reis oder Betelblätter, falls erhältlich, und sage:

Zur Erfrischung gebe ich Dir ein frisches Betelblatt mit Limone, oh Göttliche Mutter.

oṁ amṛteśvaryai namaḥ
tāmbūlam samarpayāmi

Karpura Niranjanam

Kampferflamme (arati)

Entzünde den Kampfer, indem Du ihn auf den Rand des Kampferlöffels legst und an den Docht der zweiten Lampe hältst. Tupfe etwas Sandelholzpaste und Kumkum auf den Löffel und schwenke ihn, angefangen bei den Füßen, dreimal im Uhrzeigersinn vor der Gottheit, während Du folgende Zeilen singst und mit der linken Hand die Glocke läutest:

oṁ jaya jaya jagajananī vande amṛtānandamayī
maṅgala ārati mātā bhavānī amṛtānandamayī
mātā amṛtānandamayī mātā amṛtānandamayī
oṁ amṛteśvaryai namaḥ
divya maṅgala nirānjanam darśayāmi

Möge die Mutter des Universums, Mata Amritanandamayi, siegreich sein! Ich verneige mich vor Dir, Mutter Bhavani, und bringe Dir diese glückverheißende göttliche Lichtverehrung dar.

Biete der Gottheit einen Löffel Wasser an und sage:

Oh Göttliche Mutter, bitte trinke dieses kühle, süße Wasser zur Erfrischung.

om amṛteśvaryai namaḥ
ācamanīyam samarpayāmi

Nach diesem Mantra, bietet der Pujari den Anwesenden die Flamme an. Sie streichen dreimal mit den Fingern beider Hände durch die Flamme und berühren jedesmal leicht die Augen. Der Pujari geht im Uhrzeigersinn durch den Raum und achtet darauf, die Flamme zuerst besonderen Ehrengästen, wie dem Guru, den Eltern oder dem Lehrer, anzubieten. Der Pujari berührt die Flamme nur, wenn niemand außer ihm anwesend ist. Die Flamme muß noch einmal den Murtis (Götterstatuen oder -bildern) auf dem Altar angeboten werden, bevor sie mit einer schnellen Bewegung der rechten Hand gelöscht wird. Das Löschen der Flamme erfolgt nie direkt vor dem Altar. Der Pujari dreht sich in der Regel nach links und löscht die Flamme außer Sichtweite der Anwesenden.

Mantra Pushpam

Blumen mit Lobpreisungen

Halte frische Blumen in Deinen wie zum indischen Gruß locker gefalteten Händen. Falls es keine Blumen gibt, kann Reis geopfert werden. Die Verse werden mit Hingabe rezitiert, und wenn das letzte Wort samarpayâmi gesprochen wird, wirft man die Blumen etwas in die Luft und läßt sie auf die Gottheit herabregnen.

Ich eile zu Dir, Mutter des Universums, um Dich mit frischen Blumen zu verehren. Oh Göttliche Mutter, bitte finde Wohlgefallen an dieser Gabe von frischen Blumen, die meinen Herzenslotus darstellen.

oṁ amṛteśvaryai namaḥ
mantrapuṣpāni samarpayāmi

Atma Pradakshina Namaskaram

Rituelle Drehung und Verneigung

Drehe Dich vor dem Altar dreimal im Uhrzeigersinn um Deine eigene Achse und verneige Dich dann vor der Gottheit. Nachdem Du wieder aufgestanden bist, sage:

Oh alldurchdringende Göttliche Mutter, sei mir gnädig und nimm diese Verneigung an.

oṁ amṛteśvaryai namaḥ
ātma pradakṣina namaskāram samarpayāmi

Nrityam und Gitam

Tanz und Gesang

Tanze vor der Gottheit oder opfere eine Blume und sage:

Oh Göttliche Mutter, bitte erfreue Dich an meinem Tanz.

oṁ amrteśvaryai namaḥ
nṛtyam darśayāmi

Singe einen Bhajan oder eine Hymne und sage danach:

Mögen Dir meine Lobpreisungen gefallen.

oṁ amṛteśvaryai namaḥ
gītam sravayāmi

Opfere eine Blume für jeden der folgenden Gegenstände, während Du sagst:

Oh Göttliche Mutter, bitte nimm die folgenden Gaben an: den Schirm, den Wedel (aus Yakhaaren), den Fächer, den Spiegel und weitere Gegenstände für Deine königliche Ausstattung.

oṁ amṛteśvaryai namaḥ
chatra cāmara vyajana darpaṇādi
samasta rājopacārān samarpayāmi

Ausdruck von Hingabe

Nimm vor der Rezitation der folgenden Verse mit der rechten Hand eine Prise Reis, lege ihn kurz in die linke Handfläche und dann sofort wieder in die rechte. Füge drei Löffel reines Wasser zum Reis und halte die Mischung vor die Gottheit, wobei die linke Hand unter der rechten liegt, während die Verse rezitiert werden. Mit den letzten Worten gibt man die Mischung auf den Badeteller. Diese Verse bilden den rituellen Abschluß der Puja. Bis zu diesem Punkt darf der Pujari die Zeremonie nicht abbrechen oder den Tempelraum verlassen. Die Sakramente (prasadam oder geweihten Substanzen) können nun in folgender Reihenfolge verteilt werden: heilige Asche, Sandelholz und Kumkum, Blumen, tirtham (heiliges Wasser) und naivedyam (geopferte Nahrung). Nachdem jeder vom prasadam erhalten hat, kann der Pujari auch etwas davon nehmen.

Nun habe ich nach bestem Wissen diese Puja ausgeführt und Dich verehrt, geliebte Mutter, Leuchtendste unter allen Göttern. Möge sie Dich zufriedenstellen und erfreuen. Von Deiner

Gegenwart umhüllt, lege ich mein Leben in Deine Hände, Göttliche Mutter.

anena yathà éaktyà käta
(setze Tageszeit ein, s. Sankalpa-Abschnitt)
pūjayā bhagavatī sarva devatātmika
śrī amṛteśvari suprīta
suprasanna varada bhavatu

Bitte um Vergebung

Oh Höchste Göttin, ich kenne nicht die richtige Form, Dich anzurufen oder mit Dir, so wie Du bist, in Verbindung zu treten. Mir wurde kein vollständiges Wissen über priesterliche Rituale zuteil. Übersieh und vergib deshalb bitte alle Fehler und Auslassungen. Ich weiß wenig über Mantren und frommes Verhalten und bin weit entfernt von wahrer Hingabe. Vergib mir trotzdem, und, wie ich diese Verehrung auch ausgeführt habe, nimm sie bitte als ganz und vollständig an, denn Du bist meine einzige Zuflucht, Höchste Göttin. Wo sonst könnte ich Zuflucht finden? Sei mir deshalb bitte gnädig, oh Göttliche Mutter, und schütze mich.

oṁ āvāhanam na jānāmi na jānāmi visarjanam
pūjāñcaiva na jānāmi kṣamyatām parameśvarī
mantra hīnam kriyā hīnam bhakti hīnam sureśvarī
yatpūjitam mayā devi paripūrṇam tadastu te
anyathā śaraṇam nāsti tvameva śaraṇam mama
tasmāt kāruṇya bhāvena rakṣa rakṣa maheśvarī

Nimm eine Blume von den Füßen der Gottheit. Rieche an ihr und berühre damit Dein Herz. Stelle Dir dabei vor, daß die Gegenwart

Gottes, die zu Beginn der Puja aus Deinem Herzen ins Götterbild gerufen wurde, nun wieder in Dein Herz zurückkehrt. Sage:

oë amäteévaryai namaä
asmāt kandāt asmāt bimbāt
yathā sthānaṁ pratiṣṭhāpayāmi
śobhanārthe kṣemāya punarāgamanāya ca

Oh Göttliche Mutter, bitte kehre in die Wohnung in meinem Herzen zurück und segne mich auch in Zukunft mit Deiner Gegenwart, damit ich auf dem Weg fortschreite und Befreiung erlange.

OM TAT SAT

Die 108 Namen von Mata Amritanandamayi

Wir verneigen uns vor Amma...

1. **oṁ pūrṇa-brahma-svarūpiṇyai namaḥ**
... die die ganze Fülle des Absoluten (des brahman) verkörpert.
2. **oṁ saccidānanda mūrttaye namaḥ**
... die Sein, Wissen und Glückseligkeit verkörpert.
3. **oṁ ātmā-rāmāgragaṇyāyai namaḥ**
... die herausragt unter denen, die das Innere Selbst verwirklicht haben.
4. **oṁ yoga-līnāntarātmane namaḥ**
... deren Inneres Selbst (reiner Geist) mit dem brahman Eins geworden ist (yoga bedeutet hier Vereinigung des individuellen Selbstes mit dem brahman).
5. **oṁ antar-mukha-svabhāvāyai namaḥ**
... die aus natürlicher Neigung nach Innen gewandt ist.
6. **oṁ turīya-tuṅga-sthalījjuṣe namaḥ**
... deren Bewußtsein im Höchsten als turîya bezeichneten Zustand weilt.
7. **oṁ prabhā-maṇḍala-vītāyai namaḥ**
...die ganz von göttlichem Glanz umgeben ist.
8. **oṁ durāsada-mahaujase namaḥ**
...deren Größe unerreichbar ist.
9. **oṁ tyakta-dig-vastu-kālādi-sarvāvacceda-rāśaye namaḥ**
...die sich über alle Begrenzungen von Raum, Zeit und Materie erhoben hat.

10. **oṁ-sajātīya-vijātīya-svīya-bheda-nirākṛte namaḥ**
...die Blutsverwandte, verschiedene Menschen und Lebewesen unterschiedlicher Gattungen(z.B. Menschen, Tiere, Pflanzen) nicht unterschiedlich behandelt.

11. **oṁ-vāṇī-buddhi-vimṛgyāyai namaḥ**
...die man mit Worten und dem Intellekt nicht begreifen kann.

12. **oṁ śaśvad-avyakta-vartmane namaḥ**
...deren Weg uns immer wieder unverständlich ist.

13. **oṁ nāma-rūpādi-śūnyāyai namaḥ**
...die weder Name noch Form hat.

14. **oṁ śūnya-kalpa-vibhūtaye namaḥ**
...die frei von dem Wunsch ist, Ihre göttlichen Kräfte zu offenbaren.

15. **oṁ ṣaḍaiśvarya-samudrāyai namaḥ**
... die die glückverheißenden Zeichen der sechs göttlichen Eigenschaften zeigt
(aishvarya - Reichtum, virya - Mut, yashas - Ruhm, shri - Glück, jnana - Wissen, vairagya - Entsagung).

16. **oṁ dūrī-kṛta-ṣaḍ-ūrmaye namaḥ**
...die nicht den sechs Veränderungen des Lebens unterworfen ist (Geburt, Leben, Wachstum, Entwicklung, Abbau und Auflösung).

17. **oṁ nitya-prabuddha-saṁśuddha-nirmuktātma-prabhāmuce namaḥ**
... die das ewige, bewußte, reine und freie Licht des Selbstes ausstrahlt.

18. **oṁ kāruṇyākula-cittāyai namaḥ**
...deren Herz voller Mitgefühl ist.

19. **oṁ tyakta-yoga-suṣuptaye namaḥ**
...die den Yogaschlaf aufgegeben hat.

20. **oṁ kerala-kṣmāvatīrṇāyai namaḥ**
...die sich im Land Kerala inkarniert hat.

21. **oṁ mānuṣa-strī-vapurbhṛte namaḥ**
...die einen weiblichen menschlichen Körper angenommen hat.

22. **oṁ dharmiṣṭha-suguṇānanda damayantī-svayaṁbhuve namaḥ**
...die aus eigenem Willen als Tochter der tugendhaften Eltern Sugunanandan und Damayanti auf die Welt kam.

23. **oṁ mātā-pitṛ-cirācīrṇa-puṇya-pūra-phalātmane namaḥ**
...die in diese Familie geboren wurde, weil Ihre Eltern in früheren Leben viele tugendhafte Taten vollbrachten.

24. **oṁ niśśabda-jananī-garbha-nirgamātbhuta-karmaṇe namaḥ**
...die die außergewöhnliche Tat vollbrachte, bei Ihrer Geburt keinen Laut von sich zu geben.

25. **oṁ kālī-śrī-kṛṣṇa-saṅkāśa-komala-śyāmala-tviṣe namaḥ**
...die eine schöne dunkle Hautfarbe wie Kali und Krishna hat.

26. **oṁ cira-naṣṭa punaṛ-labdha-bhārgava-kṣetra-sampade namaḥ**
...die Keralas Reichtum ist, der lange verloren war und jetzt wiedergewonnen wurde (Kerala = bhargava ksetra, Land des Bhargava = Parashurama, eine Inkarnation Vishnus).

27. **oṁ mṛta-prāya-bhṛgu-kṣetra punar-uddhita-tejase namaḥ**
...die das Leben des Landes Kerala ist, das fast erloschen war und jetzt wiederaufblüht.

28. **oṁ sauśīlyādi-guṇākṛṣṭa-jaṅgama-sthāvarālaye namaḥ**
...die durch Ihre guten Eigenschaften, wie z.B. vorbildliches Verhalten, auf die gesamte Schöpfung anziehend wirkt.

29. **oṁ manuṣya-mṛga-pakṣyādi sarva-saṁsevitāṅghraye namaḥ**
...zu deren Füße Menschen, Tiere, Vögel und alle anderen Lebewesen dienen.

30. **oṁ naisargika-dayā-tīrtha-snāna-klinnāntar'ātmane namaḥ**
...deren Inneres Selbst immer im heiligen Fluß der Barmherzigkeit badet.

31. **oṁ daridra-janatā-hasta-samarpita nijāndhase namaḥ**
...die Ihre Nahrung an die Armen weitergab.

32. **oṁ anya-vaktra-pra-bhuktānna pūrita-svīya-kukṣaye namaḥ**
...deren Hunger gestillt ist, wenn andere essen.

33. **oṁ samprāpta-sarva-bhūtātma svātma-sattānubhūtaye namaḥ**
...die erfuhr, daß Ihr Selbst mit dem Selbst aller Wesen Eins ist.

34. **oṁ aśikṣita-svayam-svānta-sphurat-kṛṣṇa-vibhūtaye namaḥ**
...die ohne die Schriften zu kennen, eine Vision von Krishna mit all Seinen göttlichen Eigenschaften hatte.

35. **oṁ acchinna-madhurodāra kṛṣṇa-līlānusandhaye namaḥ**
...die ständig in die verschiedenen göttlichen Spiele Shri Krishnas versunken war.

36. **oṁ nandātmaja-mukhāloka nityotkaṇṭhita cetase namaḥ**
...die voller Sehnsucht danach verlangte, das Gesicht von Nandas Sohn (Krishna) zu sehen.

37. **oṁ govinda viprayogādhi-dāva-dagdāntar'ātmane namaḥ**
...die verzehrt wurde vom inneren Feuer, das der Schmerz über das Getrenntsein von Govinda (Krishna) entfachte.

38. **oṁ viyoga-śoka-sammūrcchā-muhur-patita-varṣmaṇe namaḥ**
...deren Körper aus Trauer, nicht mit Krishna vereint zu sein, oft ohnmächtig zu Boden fiel.

39. **oṁ sārameyādi vihita-śuśrūṣā-labdha buddhaye namaḥ**
...die das Bewußtsein wiedererlangte, weil Hunde und andere Tiere Sie auf die richtige Weise pflegten.

40. **oṁ prema-bhakti balākṛṣṭa-prādur-bhāvita śārṅgiṇe namaḥ**
...die Krishna durch Ihre große Liebe anzog und Ihn veranlaßte, Sich Ihr zu offenbaren.

41. **oṁ kṛṣṇa-loka mahāhlāda-dhvasta śokāntar' ātmane namaḥ**
...deren heftiger Schmerz in größte Freude umschlug, als Sie eine Vision von Krishna hatte.

42. **oṁ kāñcī-candraka-manjīra vaṁśī śobhi svabhū-dṛśe namaḥ**
...die die leuchtende Gestalt Krishnas mit goldenem Schmuck wie Hüftgürtel und Fußkettchen sowie Pfauenfeder und Flöte sah.

43. **oṁ sārvatrika ṛiṣīkeśa sānnidhya laharī-spṛśe namaḥ**
... die die alldurchdringende Gegenwart Hrishikeshas (ein anderer Name Krishnas mit der Bedeutung 'der die Sinne besiegt hat') wahrnahm.

44. **oṁ susmera-tan mukhāloka vi-smerotphulla-dṛṣṭaye namaḥ**
...deren Augen sich vor Freude weiteten, als Sie das lächelnde Gesicht (Krishnas) sah.

45. **oṁ tat-kānti-yamunā-sparśa-hṛṣṭa romāṅga-yaṣṭaye namaḥ**
...deren Haare zu Berge standen, als Sie in das (von Krishna ausströmende) Licht getaucht war, das den Wellen der Yamuna glich.

46. **oṁ apratīkṣita saṁprāpta-devī-rūpopalabdhaye namaḥ**
...die eine unerwartete Vision der Göttlichen Mutter hatte.

47. **oṁ pāṇī-padma svapadvīṇā śobhamān'āṁbikādṛśe namaḥ**
...die die Göttliche Mutter in der wunderschönen Gestalt mit einer Vina in den Händen sah.

48. **oṁ devī sadyas-tirodhāna tāpa-vyathita-cetase namaḥ**
...die untröstlich war, als die Göttliche Mutter plötzlich wieder verschwand.

49. **oṁ dīna-rodana-nir-dhoṣa-dīrṇa-dikkarṇa-vartmane namaḥ**
...deren schmerzerfülltes Weinen die Ohren der vier Himmel zerriß.

50. **oṁ tyaktānna-pāna nidrādi-sarva-daihika-dharmaṇe namaḥ**
...die alle körperlichen Aktivitäten wie Essen, Trinken und Schlafen aufgab.

51. **oṁ kurarādi-samānīta-bhakṣya-poṣita-varṣmaṇe namaḥ**
...deren Körper von Nahrung lebte, die Vögel und andere Tiere Ihr brachten.

52. **oṁ vīṇā-niṣyanti-saṅgīta-lālita-śṛuti-nālaye namaḥ**
...in deren Ohren göttliche Melodien erklangen, die von der Vina (in den Händen der Göttlichen Mutter) stammten.

53. **oṁ apāra-paramānanda laharī-magna-cetase namaḥ**
...die mit Ihrem ganzen Wesen in grenzenloser, höchster Glückseligkeit versank.

54. **oṁ caṇḍikā-bhīkarākāra darśanālabdha-śarmaṇe namaḥ**
...die beim Anblick von Chandika, der furchterregenden Gestalt der Göttlichen Mutter, von innerem Frieden erfüllt wurde.

55. **oṁ śānta-rūpāmṛtajharī-pāraṇā nirvṛtātmane namaḥ**
...die in Ekstase geriet, als Sie vom Nektar des glückseligen Aspekts (der Göttlichen Mutter) trank.

56. **oṁ śāradā-smārakāśeṣa-svabhāva-guṇa-saṁpade namaḥ**
...deren Wesen und Eigenschaften uns an Shri Sharada Devi erinnern.

57. **oṁ prati-bimbita-cāndreya-śāradobhaya-mūrttaye namaḥ**
...in der sich die beiden Gestalten Shri Ramakrishnas und Sharada Devis widerspiegeln.

58. **oṁ tannāḍakābhinayana-nitya-raṅgayitātmane namaḥ**
...in der wir das Göttliche Spiel dieser beiden wiederholt sehen.

59. **oṁ cāndreyā-śāradā-kelī-kallolita-sudhābdhaye namaḥ**
...die den Ozean von Nektar verkörpert, in dem die Wellen der verschiedenen Göttlichen Spiele Shri Ramakrishnas und Sharada Devis aufsteigen.

60. **oṁ uttejita-bhṛgu-kṣetra-daiva-caitanya raṁhase namaḥ**
...die das spirituelle Bewußtsein des Landes Kerala angehoben hat.

61. **oṁ bhūyaḥ-pratyavaruddhārṣa-divya-saṁskāra-rāśaye namaḥ**
...die die von den Rishis (Sehern) verkündeten ewigen Werte wiederherstellte.

62. **oṁ aprākṛtāt-bhūtānanda-kalyāṇa-guṇa-sindhave namaḥ**
...die einen Ozean von wunderbaren und glückseligen göttlichen Eigenschaften offenbart.

63. **oṁ aiśvarya-vīrya-kīrti-śrī-jñāna-vairāgya-veśmaṇe namaḥ**
...die aishvarya (Herrschaft), virya (Mut), kirti (Ruhm), shri (Glück), jnana (Wissen) und vairagya (Entsagung) (sechs charakteristische Merkmale von göttlichen Persönlichkeiten) verkörpert.

64. **oṁ upātta-bāla-gopāla veṣa-bhūṣā-vibhūtaye namaḥ**
...die die Gestalt und Eigenschaften von Bala Gopala (Krishna als Kind) annahm.

65. **oṁ smera-snigdha-kaḍākṣāyai namaḥ**
...deren Blicke voller Süße und Liebe sind.

66. **oṁ svairādyuṣita-vedaye namaḥ**
..die ungezwungen mit Ihren Anhängern spielt und sie neckt.

67. **oṁ piñcha-kuṇḍala-mañjīra vaṁśikā kiṅkiṇī-bhṛte namaḥ**
...die wie Krishna Pfauenfeder und Flöte trug und mit Ohrringen und Fußkettchen geschmückt war.

68. **oṁ bhakta-lokākhilā-bhīṣṭa pūraṇa prīṇanecchave namaḥ**
...die Ihre Anhänger zufriedenstellen möchte, indem Sie alle Wünsche erfüllt.

69. **oṁ pīṭhārūḍha-mahādevī-bhāva-bhāsvara-mūrttaye namaḥ**
..die in der Stimmung der Großen Göttin auf dem pitha (Göttlichen Sitz) Platz nimmt und hellen Glanz verströmt.

70. **oṁ bhūṣan'āmbara-veṣa-śrī dīpya-mānāṁga-yaṣṭaye namaḥ**
...deren ganzer Körper leuchtet und die, wie die Göttliche Mutter, erlesenen Schmuck und wunderschöne Kleider trägt.

71. **oṁ suprasanna-mukhāṁbhoja-varābhayada pāṇaye namaḥ**
..deren Gesicht strahlend schön wie eine Lotusblume ist und die Ihre Hand zum Segen erhoben hält.

72. **oṁ kirīṭa-raśanākarṇa-pūra-svarṇa-paḍī-bhṛte namaḥ**
...die wie die Göttliche Mutter verschiedene goldene Schmucksteine und eine Krone trägt.

73. **oṁ jihva-līḍha-mahā-rogi-bībhatsa vṛṇita-tvace namaḥ**
...die mit Ihrer Zunge die eiternden Wunden vieler Menschen mit schrecklichen Krankheiten säubert.

74. **oṁ tvag-roga-dhvaṁsa-niṣṇāta gaurāṅgāpara-mūrttaye namaḥ**
...die wie Shri Chaitanya (Gauranga) Hautkrankheiten heilt.

75. **oṁ steya-himsā-surāpānā-dyaśeṣādharma-vidviṣe namaḥ**
...die schlechte Eigenschaften wie Stehlen, andere Verletzen, Genuß von Rauschmitteln usw. sehr mißbilligt.

76. **oṁ tyāga-vairagya-maitryādi-sarva sadvāsanā puṣe namaḥ**
...die die Entwicklung von guten Eigenschaften wie Entsagung, Nichtanhaftung, Güte usw. unterstützt.

77. **oṁ pādāśrita-manorūḍha-dussaṁskāra-rahomuṣe namaḥ**
...die alle schlechten Neigungen in den Herzen derer beseitigt, die bei Ihr Zuflucht suchen.

78. **oṁ prema-bhakti-sudhāsikta-sādhu-citta-guhājjuṣe namaḥ**
...die im innersten Herzen der vom Nektar der Hingabe erfüllten Verehrer wohnt.

79. **oṁ sudhāmaṇi mahā-nāmne namaḥ**
...die den großen Namen Sudhamani trägt.

80. **oṁ subhāṣita sudhā-muce namaḥ**
...deren Worte süß wie Nektar sind.

81. **oṁ amṛtānanda-mayyākhyā-janakarṇa-puṭa-spṛśe namaḥ**
...die auf der ganzen Welt unter dem Namen Amritanandamayi wohlbekannt ist.

82. **oṁ dṛpta-datta-viraktāyai namaḥ**
...der die Opfergaben von stolzen, weltlichen Menschen gleichgültig sind.

83. **oṁ namrārpita-bhubhukṣave namaḥ**
...die gern die Nahrung annimmt, die von den Anhängern mit Demut dargeboten wird.

84. **oṁ uṭsṛṣṭa-bhogi-saṁgāyai namaḥ**
...die sich nicht gerne in der Gesellschaft von weltlich gesinnten Menschen aufhält.

85. **oṁ yogi-saṁga-riraṁsave namaḥ**
...die die Gesellschaft von Yogis schätzt.

86. **oṁ abhinandita-dānādi-śubha-karmā-bhivṛddhaye namaḥ**
...die gute Taten, wie z.B. wohltätige Handlungen, unterstützt.

87. **oṁ abhivandita niśśeṣa sthira-jaṁgama sṛṣṭaye namaḥ**
...die von sich bewegenden und sich nicht bewegenden Wesen (z.B. Pflanzen, Steine) verehrt wird.

88. **oṁ protsāhita brahma-vidyā sampradāya-pravṛttaye namaḥ**
...die das Studium von brahma vidya (der Wissenschaft des Absoluten), in der traditionellen Lehrer-Schüler-Beziehung fördert.

89. **oṁ punar'āsādita-śreṣṭha-tapovipina-vṛttaye namaḥ**
...die die großartige Lebensweise der Weisen in den Wäldern wieder einführte.

90. **oṁ bhūyo gurukulā-vāsa-śikṣaṇotsuka-medhase namaḥ**
...der es sehr wichtig ist, die Gurukula-Erziehung und Ausbildung wiederzubeleben.

91. **oṁ aneka-naiṣṭhika-brahmacāri nirmātṛ-vedhase namaḥ**
...die Mutter von sehr vielen Brahmacharis (Mönchen) ist, die ihr ganzes Leben Gott geweiht haben.

92. **oṁ śiṣya-saṁkrāmita-svīya-projvalat-brahma-varcase namaḥ**
...die Ihren göttlichen Glanz auf Ihre Schüler überträgt.

93. **oṁ antevāsi-janāśeṣa-ceṣṭā-pātita dṛṣṭaye namaḥ**
...die alle Handlungen Ihrer Schüler sieht.

94. **oṁ mohāndha-kāra-sañcāri-lokā-nugrāhi-rociṣe namaḥ**
...die voller Freude die Welten segnet und mit Ihrem göttlichen Licht die Dunkelheit vertreibt.

95. **oṁ tamaḥ-kliṣṭa-mano-vṛṣṭa-svaprakāśa-śubhāśiṣe namaḥ**
...die das Licht Ihrer Segnungen in die Herzen derer gießt, die in der Finsternis der Unwissenheit leiden.

96. **oṁ bhakta-śuddhānta-raṁgastha bhadra-dīpa-śikhā-tviṣe namaḥ**
...die die helle Flamme verkörpert, die in den reinen Herzen der Anhänger brennt.

97. **oṁ saprīthi-bhukta-bhaktaughanyarpita-sneha-sarpiṣe namaḥ**
...die mit Freude das ghee der Liebe Ihrer Anhänger annimmt (ghee = Butteröl, eine der traditionellen Opfergaben).

98. **oṁ śiṣya-varya-sabhā-madhya dhyāna-yoga-vidhitsave namaḥ**
...die gerne zusammen mit Ihren Schülern meditiert.

99. **oṁ śaśvalloka-hitācāra-magna dehendriyāsave namaḥ**
...die Sich immer mit Ihrem ganzen Wesen für das Wohl der Welt einsetzt.

100. **oṁ nija-puṇya-pradānānya-pāpādāna-cikīrṣave namaḥ**
...die glücklich ist, wenn Sie Ihre eigenen Verdienste gegen die Fehler von anderen tauschen kann.

101. **oṁ para-svaryāpana-svīya naraka-prāpti-lipsave namaḥ**
...die glücklich ist, wenn Sie, um anderen zu helfen, den Himmel gegen die Hölle tauschen kann.

102. **oṁ rathotsava-calat-kanyā-kumārī-martya-mūrttaye namaḥ**
...die Kanya Kumari (die Göttin von Kap Komorin an der der Südspitze Indiens) in menschlicher Gestalt ist.

103. **oṁ vimo-hārṇava nirmagna bhṛgu-kṣetrojjihīrṣave namaḥ**
...die bemüht ist, das in den Ozean der Unwissenheit versunkene Land Kerala wieder aufzurichten.

104. **oṁ punassantā-nita-dvaipāyana-satkula-tantave namaḥ**
...die den ehrwürdigen Stammbaum des Weisen Vyasa weiterführt (der in die Gemeinde der Fischer geboren wurde).

105. **oṁ veda-śāstra-purāṇetihāsa-śāśvata bandhave-namaḥ**
...die die Verbreitung des vedischen Wissens und aller anderen spirituellen Texte fördert.

106. **oṁ bṛghu-kṣetra-samun-mīlat-para -daivata-tejase namaḥ**
...die dem erwachenden Land Kerala göttlichen Glanz verleiht.

107. **oṁ devyai namaḥ**
...die Devi (die Große Göttliche Mutter) ist.

108. **oṁ premāmṛtānandamayyai nityam namo namaḥ**
...wir verneigen uns immer wieder vor Amma, die in vollkommener Weise Göttliche Liebe und Unsterbliche Glückseligkeit verkörpert.

ॐ

Die 108 Namen von Devi, der Göttlichen Mutter

Dhyanam

sindūrāruṇa-vigrahāṁ tri-nayanām māṇikya-mauli-
sphurat-tārānāyaka-śekharām smitamukhīm
āpīna-vakṣoruhām
pāṇibhyām-alipūrṇa-ratna-caṣakam
raktotpalam-bibhratīm
saumyāṁ ratna-ghaṭastha-rakta-caraṇāṁ
dhyāyetparāmambikām

dhyāyet padmāsanasthām vikasita-vadanām
padma-patrāyatākṣīm
hemābhām pītavastrām kara-kalita-lasad-
hema-padmām varāṅgim

sarvālaṅkāra-yuktām satatam-abhayadām
bhaktanamrām bhavānīm
śrīvidyām śāntamūrtīm sakala-sura-nutāṁ
sarva-sampat-pradātrīm

sakuṅkuma-vilepanām-alika-cumbi-kastūrikām
samanda-hasitekṣaṇām saśara-cāpa pāśāṅkuśām
aśeṣa-jana-mohinīm aruṇa-mālya bhūṣojvalām
japā-kusuma-bhāsurām japavidhau smaredambikām

aruṇāṁ karuṇā-taraṅgitākṣīṁ
dhṛta-pāśāṅkuśa puṣpa-bāṇa-cāpām
aṇimādibhir āvṛtām mayūkhai
aham-ityeva vibhāvaye maheśīm

Meditation

Oh Göttliche Mutter, Du hast drei Augen und Deine Haut schimmert rot wie Zinnober. Dein Edelsteindiadem ist mit einer wunderbar leuchtenden Mondsichel geschmückt. Mit Deinem freundlichen Lächeln lädst Du uns ein näherzukommen. Die Milch des Lebens in Deinen vollen Brüsten fließt unerschöpflich für Deine Kinder. In Deinen Händen hältst Du einen Becher Honig und eine rote Lotusblüte, Symbole von Freude und Weisheit, für die Du allein die Quelle bist. Deine Füße ruhen auf einer Schale wertvoller Edelsteine, denn, wer sich zu Deinen Füßen niederläßt und bei Dir Zuflucht sucht, wird mit Reichtum gesegnet.

Oh Mutter Bhavani, ich meditiere auf Deine wunderschöne goldene Gestalt. Du hast ein leuchtendes Gesicht mit großen, sanften Lotusaugen und trägst ein Gewand aus gelber Seide. Auf einem Lotus sitzend hältst Du goldene Lotusblüten in den Händen. Deine Verehrer verneigen sich vor Dir und finden bei Dir immer Zuflucht. Oh Shri Vidya, Verkörperung des Friedens, Du wirst von den Göttern gepriesen und schenkst uns allen Wohlstand, den wir wünschen.

Oh Mutter des Universums, laß meinen Geist beim Wiederholen Deiner Göttlichen Namen ganz von Dir erfüllt sein. Deine schöne Gestalt ist zart und rot wie die Hibiskusblüte. Du trägst eine rote Girlande und Schmuck, der glitzert und glänzt. Deine Haut ist mit rotem Safran bestrichen und Deine von einem Hauch Moschus geküßte Stirn zieht die Bienen an. Du hältst Pfeil und Bogen, Schlinge und Stachelstock und von Deinem sanften Lächeln und Deinen liebevollen Blicken sind alle bezaubert.

Oh Große Göttin, Du leuchtest wie die Morgenröte und Deine Augen fließen über vor Mitgefühl. Du hältst Schlinge und Stachelstock, Bogen und Blumenpfeil. Kräfte (*siddhis*) wie *anima* (Fähigkeit, sich winzig zu machen) umgeben Dich wie goldene Strahlen, und es scheint, als ob Du das Selbst in mir bist ...

Wir verneigen uns vor der höchsten Göttin Sri Lalitambika...

1. **oṁ śrī lalitāmbikāyai namaḥ**
   Wir verneigen uns vor der höchsten Göttin Shri Lalitambika.
2. **oṁ śrī-mātre namaḥ**
   Wir verneigen uns vor der Heiligen Mutter,
3. **oṁ śrī-mahā-rājñyai namaḥ**
   Wir verneigen uns vor der großen Herrscherin.
4. **oṁ bhavānyai namaḥ**
   Wir verneigen uns vor Shivas Gemahlin.
5. **oṁ bhāvanā-gamyāyai namaḥ**
   Wir verneigen uns vor der Mutter, die durch ständiges Nachdenken über die Wahrheit erreicht wird.
6. **oṁ bhadra-priyāyai namaḥ**
   ...die wohlwollend ist.
7. **oṁ bhadra-mūrtaye namaḥ**
   ...die gütig ist.
8. **oṁ bhakti-priyāyai namaḥ**
   ...die sich über die liebevolle Verehrung Ihrer Anhänger freut.
9. **oṁ bhakti-gamyāyai namaḥ**
   ..die durch hingebungsvollen Dienst und Meditation erreicht werden kann.
10. **oṁ bhakti-vaśyāyai namaḥ**
    ...die durchliebevolle und hingebungsvolle Taten erreicht werden kann.
11. **oṁ bhay'āpahāyai namaḥ**
    ...die alle Furcht vertreibt.
12. **oṁ śāmbhavyai namaḥ**
    ...die Shambhus Gemahlin ist (Shambhu = ein wohlwollender Aspekt Shivas).

13. **oṁ śārad'ārādhyāyai namaḥ**
...die während der Saraswati Puja im Herbst als Göttin des Wissens verehrt wird.

14. **oṁ śarvāṇyai namaḥ**
...die Sharvas Gattin ist (Sharva = eine Verkörperung von Rudra-Shiva).

15. **oṁ śarmadāyinyai namaḥ**
...die Glück schenkt und Zuflucht gewährt.

16. **oṁ śāṅkaryai namaḥ**
...die Shankaras Gattin ist (Shankara = ein wohlwollender Aspekt Shivas).

17. **oṁ śrīkaryai namaḥ**
...die Lakshmi, Vishnus Gemahlin, ist.

18. **oṁ śāt'odaryai namaḥ**
... die eine schmale Taille hat.

19. **oṁ śāntimatyai namaḥ**
...die erfüllt ist von Frieden.

20. **oṁ nirādhārāyai namaḥ**
...die sich auf nichts stützt.

21. **oṁ nirañjanāyai namaḥ**
...die unbefleckt ist.

22. **oṁ nirlepāyai namaḥ**
...die unberührt ist.

23. **oṁ nirmalāyai namaḥ**
...die ewig rein ist.

24. **oṁ nityāyai namaḥ**
...die unvergänglich ist.

25. **oṁ nirākārāyai namaḥ**
...die formlos ist.

26. **oṁ nirākulāyai namaḥ**
...die immer unbesorgt ist.

27. **oṁ nirguṇāyai namaḥ**
...die über die drei Grundeigenschaften (gunas) der Natur hinausgeht.

28. **oṁ niṣkalāyai namaḥ**
...die unteilbar ist.

29. **oṁ śāntāyai namaḥ**
...die den Frieden verkörpert.

30. **oṁ niṣkāmāyai namaḥ**
...die wunschlos ist.

31. **oṁ nitya-muktāyai namaḥ**
...die ewig frei ist.

32. **oṁ nirvikārāyai namaḥ**
...die die unveränderliche Grundlage für alle Veränderungen ist.

33. **oṁ niṣprapañcāyai namaḥ**
...die über den Erscheinungen der Welt steht.

34. **oṁ nirāśrayāyai namaḥ**
...die von nichts und niemandem abhängig ist.

35. **oṁ nitya-śuddhāyai namaḥ**
...die ewige Reinheit verkörpert.

36. **oṁ nitya-buddhāyai namaḥ**
...die ewig erwachtes Bewußtsein verkörpert.

37. **oṁ nir-avadyāyai namaḥ**
...die frei von Schwächen ist.

38. **oṁ nir-antarāyai namaḥ**
...die unendlich ist.

39. **oṁ niṣ-kāraṇāyai namaḥ**
...die keine Ursache hat.

40. **oṁ niṣ-kalaṅkāyai namaḥ**
...die frei von Fehlern ist.

41. **oṁ nir-upādhaye namaḥ**
...die grenzenlos ist.

42. **oṁ nir-īśvarāyai namaḥ**
...die das Höchste ist und niemandem untergeordnet.

43. **oṁ nīrāgāyai namaḥ**
...die frei von Leidenschaften ist.

44. **oṁ rāga-mathanyai namaḥ**
...die alle Anhaftung auflöst.

45. **oṁ nir-madāyai namaḥ**
...die frei von Stolz ist.

46. **oṁ mada-nāśinyai namaḥ**
...die von Hochmut befreit.

47. **oṁ niścintāyai namaḥ**
...die furchtlos ist.

48. **oṁ nir-ahaṅkārāyai namaḥ**
...die kein Ego hat.

49. **oṁ nirmohāyai namaḥ**
...die frei von Täuschung ist.

50. **oṁ moha-nāśinyai namaḥ**
...die die Illusion Ihrer Verehrer zerstört.

51. **oṁ nir-mamāyai namaḥ**
...die keinen "Ich" oder "Mein"-Sinn hat.

52. **oṁ mamatā-hantryai namaḥ**
...die den Egoismus in Ihren Verehrern beseitigt.

53. **oṁ niṣpāpāyai namaḥ**
...die frei von Sünden ist.

54. **oṁ pāpa-nāśinyai namaḥ**
...die von Sünden befreit.

55. **oṁ niṣkrodhāyai namaḥ**
...die frei von Zorn ist.

56. **oṁ krodha-śamanyai namaḥ**
...die den in Ihren Anhängern aufsteigenden Zorn besänftigt.

57. **oṁ nirlobhāyai namaḥ**
...die frei von Gier ist.

58. **oṁ lobha-nāśinyai namaḥ**
...die die Gier in Ihren Anhängern beseitigt.

59. **oṁ niḥsamśayāyai namaḥ**
...die frei von Zweifeln ist.

60. **oṁ nirbhavāyai namaḥ**
...die keinen Ursprung hat.

61. **oṁ bhava-nāśinyai namaḥ**
...die den Kreislauf von Geburt und Tod beendet.

62. **oṁ nir-vikalpāyai namaḥ**
...die ewige, reine Intelligenz ist.

63. **oṁ nir'ābādhāyai namaḥ**
...die frei von Sorgen ist.

64. **oṁ nir-bhedāyai namaḥ**
...die keine Unterschiede macht (die in allem die Einheit sieht).

65. **oṁ bheda-nāśinyai namaḥ**
...die die von Körper, Geist und Intellekt geschaffenen Unterschiede aufhebt.

66. **oṁ nirnāśāyai namaḥ**
...die unsterblich ist.

67. **oṁ mṛtyu-mathanyai namaḥ**
...die ihre Anhänger von der Ursache des Todes befreit.

68. **oṁ niṣkriyāyai namaḥ**
...die über allem Handeln steht.

69. **oṁ niṣparigrahāyai namaḥ**
...die nichts für sich beansprucht.

70. **oṁ nistulāyai namaḥ**
...die unübertroffen ist.

71. **oṁ nīla-cikurāyai namaḥ**
...die lange glänzende schwarze Haare hat.

72. **oṁ nir-apāyāyai namaḥ**
...die uns niemals verläßt.

73. **oṁ niratyayāyai namaḥ**
...die jenseits aller Gefahr ist.

74. **oṁ durlabhāyai namaḥ**
...die durch beharrliche und notwendige Bemühung erreicht wird.

75. **oṁ durgamāyai namaḥ**
...die nicht ohne sorgfältige und fortgesetzte Anstrengung zu erreichen ist.

76. **oṁ durgāyai namaḥ**
...die sich als Göttin Durga offenbart.

77. **oṁ duḥkha-hantryai namaḥ**
...die allen Kummer beseitigt.

78. **oṁ sukha-pradāyai namaḥ**
...die die Glückseligkeit der Befreiung schenkt.

79. **oṁ sarvajñāyai namaḥ**
...die allwissend ist.

80. **oṁ sāndra-karuṇāyai namaḥ**
...die in höchstem Maße mitfühlend ist.

81. **oṁ sarva-śakti-mayyai namaḥ**
...die die Quelle aller Kraft ist.

82. **oṁ sarva-maṅgalāyai namaḥ**
...die alle glücksverheißenden Eigenschaften in sich vereinigt.

83. **oṁ sad-gati-pradāyai namaḥ**
...die die Suchenden zum höchsten Ziel führt.

84. **oṁ sarv'eśvaryai namaḥ**
...die sich als Königin des Universums offenbart.

85. **oṁ sarva-mayyai namaḥ**
...die allem innewohnt.

86. **oṁ māh'eśvaryai namaḥ**
...die über die Natur hinausgeht und die Quelle in allem ist.

87. oṁ mahā-kālyai namaḥ
...die sich als große Göttin Kali offenbart, die sogar den Tod besiegt.

88. oṁ mahā-devyai namaḥ
...die die Größte unter den Göttinnen ist.

89. oṁ mahā-lakṣmyai namaḥ
...die sich als große Göttin Lakshmi, als Quelle der Lebensfülle offenbart.

90. oṁ mahā-rūpāyai namaḥ
...die die höchste Form verkörpert.

91. oṁ mahā-pūjyāyai namaḥ
...die der höchsten Verehrung würdig ist.

92. oṁ mahā-māyāyai namaḥ
...die als höchste Schöpferkraft Illusion erzeugt.

93. oṁ mahā-sattvāyai namaḥ
...die die höchste Verwirklichung des Lebens verkörpert.

94. oṁ mahā-śaktyai namaḥ
...die die höchste Energie verströmt.

95. oṁ mahā-ratyai namaḥ
...die sich als grenzenlose Glückseligkeit offenbart.

96. oṁ mahā-bhogāyai namaḥ
...die höchsten Genuß und größte Pracht verkörpert.

97. oṁ mah'aiśvaryāyai namaḥ
...die höchste Herrschaft ausübt.

98. oṁ mahā-vīryāyai namaḥ
...die größte Tapferkeit und Stärke besitzt.

99. oṁ mahā-balāyai namaḥ
...die größte Kraft hat.

100. oṁ mahā-buddhyai namaḥ
...die höchste Intelligenz offenbart.

101. oṁ mahā-siddhyai namaḥ
...die größte Fertigkeiten und Kenntnisse besitzt.

102. **oṁ mahā-tantrāyai namaḥ**
...von der die größten mystischen Texte handeln.

103. **oṁ śiva śaktyaikya rūpinyai namaḥ**
...die Vereinigung von Shiva und Seiner Shakti offenbart.

104. **oṁ viṣṇu śaktyaikya rūpinyai namaḥ**
...die die Vereinigung von Vishnu und seiner Shakti offenbart.

105. **oṁ brahma śaktyaikya rūpinyai namaḥ**
...die die Vereinigung von Brahma und seiner Shakti offenbart.

106. **oṁ śrī lalitāmbikāyai namaḥ**
Wir verneigen uns vor der Höchsten Göttin Shri Lalitambika.

107. **oṁ śrī mātā amṛtānandamāyai namaḥ**
Wir verneigen uns vor der Göttlichen Mutter Amritanandamayi

108. **oṁ śrī mahā tripurasundaryai namaḥ**
Wir verneigen uns vor der geliebten und verehrten Göttlichen Mutter Tripurasundari.

Die 108 Namen von Sri Krishna

Wir verneigen uns vor Sri Krishna...

1. **oṁ śrī kṛṣṇāya namaḥ**
...Srî Krishna.
2. **oṁ kamalā nāthāya namaḥ**
...Kamalâs (Srî Lakshmis)Gemahl.
3. **oṁ vāsudevāya namaḥ**
...der sich als Vâsudeva offenbart (Erscheinung Krishnas als Herrscher von Dwaraka).
4. **oṁ sanātanāya namaḥ**
...der ewig währt.
5. **oṁ vāsudevaya namaḥ**
...der sich als Vasudevas Sohn offenbart (Erscheinung Krishnas im Kerker in Mathura).
6. **oṁ puṇyāya namaḥ**
...dessen Taten verdienstvoll sind.
7. **oṁ līlā-mānuṣa-vigrahāya namaḥ**
...der eine menschliche Form annahm, um seine Göttlichen Spiele (lilas) zu offenbaren..
8. **oṁ śrīvatsa kausthubha-dharāya namaḥ**
...dessen Brust das göttliche Srîvatsa-Zeichen ziert und der den Kaustuba-Edelstein trägt.
9. **oṁ yaśodā-vatsalāya namaḥ**
...der sich als Yashodâs geliebtes Kind offenbart.
10. **oṁ haraye namaḥ**
...der sich als Srî Hari (Vishnu)offenbart.
11. **oṁ caturbhujātta-cakrāsi-gadā-śaṅkādhyāyudhāya namaḥ**
...der vier Arme hat und die beiden Waffen Feuerrad und Keule sowie das Muschelhorn in den Händen hält.
12. **oṁ devakī nandanāya namaḥ**
...der Dévakis Sohn ist.

13. **oṁ śrīsāya namaḥ**
...in dessen Reich Srî Lakshmî Königin ist.
14. **oṁ nandagopa priyātmajāya namaḥ**
...der Nanda Gopas geliebtes Kind ist.
15. **oṁ yamunāvega saṁhāriṇe namaḥ**
... der das Tosen des Flusses Yamunâ besänftigte.
16. **oṁ bālabhadra priyānujāya namaḥ**
...der Bâlabhadras (Bâlarâmas) geliebter jüngerer Bruder ist.
17. **oṁ pūtanā jīvita harāya namaḥ**
...der den Dämon Putana vernichtete.
18. **oṁ śakatāsura bhañjanāya namaḥ**
...der den Dämon Shaka tötete.
19. **oṁ nandavraja janā nandine namaḥ**
...der Nanda und den Bewohnern von Vraja viel Glück brachte
20. **oṁ saccidānanda vigrahāya namaḥ**
...der die Verkörperung von Sein, Bewußtsein und Glückseligkeit ist.
21. **oṁ navanīta viliptāṅgāya namaḥ**
...der sich als kleiner Junge mit Butter beschmierte.
22. **oṁ navanīta natāya namaḥ**
...der tanzte, um Butter zu bekommen.
23. **oṁ ānaghāya namaḥ**
...der frei von Sünde ist.
24. **oṁ navanīta navāhārāya namaḥ**
...der Butter als eigenständiges Nahrungsmittel einführte (weil Er große Mengen davon aß).
25. **oṁ mucukunda prasādakāya namaḥ**
...der den König Muchukunda segnete (rettete).
26. **oṁ śodaśa sthrī sahasreśāya namaḥ**
...der sechzehntausend Frauen aus der Gewalt des Dämons Bhauma befreite und sie heiratete, um ihnen Schutz zu gewähren..

27. **oṁ tribhaṅgī lalitākritaye namaḥ**
...dessen Körper an drei Stellen geneigt ist (Sri Krishnas Haltung als Flötenspieler).
28. **oṁ śukavāg amṛtābhdhīndave namaḥ**
...dem Ozean des Nektars, der sich in Sukadevas Worten offenbarte (Sukadevas Erzählung des Srimad Bhagavata für König Parikshit.)
29. **oṁ govindāya namaḥ**
...dem Beschützer der Kühe.
30. **oṁ yogīnām pataye namaḥ**
...dem Herrn der Yogis.
31. **oṁ vatsa vatācarāya namaḥ**
...der mit den Kälbchen und Hirtenjungen umherstreifte (in der Gegend Vrindavân).
32. **oṁ anantāya namaḥ**
...der unendlich ist.
33. **oṁ dhenukāsura mardanāya namaḥ**
...der den Dämon Dhenuka tötete.
34. **oṁ tṛṇīkṛta tṛṇāvartāya namaḥ**
...der den Wirbelsturm Trnâvarta vernichtete.
35. **oṁ yamalārjuna bhañjanāya namaḥ**
...der die beiden Yamalârjuna-Bäume ausriß, die in Wirklichkeit zwei verwunschene himmlische Wesen (Nalakuvara und Manigriva, die Söhne Kuberas) waren.
36. **oṁ uttāla tālabhettre namaḥ**
...der die riesigen Bäume entwurzelte.
37. **oṁ tamāla śyāmalā kṛtaye namaḥ**
...der so schön wie der dunkle Tamâlabaum ist.
38. **oṁ gopa gopīśvarāya namaḥ**
...dem Freund der Hirtenjungen und -mädchen.
39. **oṁ yogine namaḥ**
...dem größten Yogi.

40. oṁ koti sūrya samaprabhāya namaḥ
...der wie eine Million Sonnen leuchtet.

41. oṁ ilāpataye namaḥ
...dem Herrn der Welt.

42. oṁ parasmai jyotiṣe namaḥ
...der das Höchste Licht verkörpert.

43. oṁ yādavendrāya namaḥ
...dem Herrn der Yâdavas.

44. oṁ yādudvahāya namaḥ
...dem Oberhaupt der Yâdu-Dynastie.

45. oṁ vanamāline namaḥ
...der eine Girlande aus Waldblumen trägt.

46. oṁ pīta vāsase namaḥ
...der gelbe (goldene) Gewänder trägt.

47. oṁ pārijātāpa hārakāya namaḥ
...der die Pârijâthâblumen aus dem Garten Indras stahl.

48. oṁ govardhanācalo dhartre namaḥ
...der den Govardhana-Hügel in die Höhe hob.

49. oṁ gopālāya namaḥ
...dem Freund der Kühe.

50. oṁ sarva pālakāya namaḥ
...dem Beschützer von allen Lebewesen.

51. oṁ ajāya namaḥ
...der immer siegreich ist.

52. oṁ nirañjanāya namaḥ
...der makellos ist.

53. oṁ kāma janakāya namaḥ
...dem Vater des Liebesgottes Kama.

54. oṁ kañca locanāya namaḥ
...der wunderschöne Augen hat.

55. oṁ madhughne namaḥ
...der den Dämon Madhu tötete.

56. **oṁ mathurā nāthāya namaḥ**
...dem Herrn von Mathura.

57. **oṁ dvārakā nāyakāya namaḥ**
...dem Herrn von Dvaraka.

58. **oṁ baline namaḥ**
...dem allmächtigen Herrn.

59. **oṁ brindāvanānta sañcārine namaḥ**
...der in Vrindavan umherstreifte.

60. **oṁ tulasidāma bhūṣaṇāya namaḥ**
...der sich mit einer Girlande aus Tulasiblättern schmückt.

61. **oṁ syamantaka maṇer hartre namaḥ**
...der den Syamantaka-Edelstein stahl.

62. **oṁ nara nārāyaṇātmakāya namaḥ**
...der als die Zwillinge Nara und Nârâyana erschien.

63. **oṁ kubjā kṛṣṭāmbaradharāya namaḥ**
...der die Salbe auftrug, die von der Frau mit dem Buckel angeboten wurde.

64. **oṁ māyine namaḥ**
...der als Mâyâ (Täuschung) erscheint.

65. **oṁ paramapūruṣāya namaḥ**
...der Höchsten Persönlichkeit.

66. **oṁ muṣṭikāsura cāṇūra mallayudha-viśāradāya namaḥ**
...dem erfahrenen Ringer, der am Hof von Kamsa mit den beiden Dämonen Mushtika und Chanura kämpfte.

67. **oṁ samsāra vairiṇe namaḥ**
...dem Feind des samsâra (Kreislauf von Geburt und Tod).

68. **oṁ kamsāraye namaḥ**
...der Kamsas Feind ist.

69. **oṁ murāraye namaḥ**
...dem Feind des Dämons Mura.

70. **oṁ narakāntakāya namaḥ**
...dem Vernichter des Dämonen Naraka.
71. **oṁ anādi brahmacāriṇe namaḥ**
...dem anfanglosen Absoluten.
72. **oṁ kṛṣṇā vyasana karśakāya namaḥ**
...der Draupadis Verzweiflung beseitigte.
73. **oṁ śiśupāla śirascettre namaḥ**
...der Shishupâla köpfte.
74. **oṁ duryodhana kulāntakāya namaḥ**
...der Duryodhanas Kuru-Dynastie vernichtete.
75. **oṁ vidurākrūra varadāya namaḥ**
...der Vidura und Akrura Segnungen erteilte.
76. **oṁ viśvarūpa pradārśakāya namaḥ**
...der sich auf dem Schlachtfeld von Kurukschetra in der visvarupa-Form (der universellen Form) offenbarte.
77. **oṁ satyavāce namaḥ**
...der nur die Wahrheit spricht.
78. **oṁ satya saṅkalpāya namaḥ**
...der wahre Entschlossenheit besitzt.
79. **oṁ satyabhāma ratāya namaḥ**
...der Satyabhâmas Geliebter ist (eine von Krishnas Hauptgattinnen in Dwaraka).
80. **oṁ jayine namaḥ**
...der im Kampf siegreich ist.
81. **oṁ subhadra pūrvajāya namaḥ**
...dem älteren Bruder von Subhadra.
82. **oṁ viṣṇave namaḥ**
...der sich als Vishnu offenbarte.
83. **oṁ bhīṣma mukti pradāyakāya namaḥ**
...der Bhishma erlöste.
84. **oṁ jagadgurave namaḥ**
...dem Guru der ganzen Welt.

85. **oṁ jagannāthāya namaḥ**
...dem Herrn der gesamten Welt.

86. **oṁ veṇunāda viśāradāya namaḥ**
...der die Flöte meisterhaft spielt

87. **oṁ vṛṣabhāsura vidhvasine namaḥ**
...der den Dämon Vrishaba vernichtete.

88. **oṁ bāṇāsura karāntakāya namaḥ**
...der die Hände des Dämons Bâna abhackte.

89. **oṁ yudhiṣṭhira pratiṣṭhātre namaḥ**
...der Yudhisthira (als König) einsetzte.

90. **oṁ bārhi bārhāvataṁsakāya namaḥ**
...der mit leuchtenden Pfauenfedern geschmückt ist.

91. **oṁ parthasārathāye namaḥ**
..dem Wagenlenker Arjunas.

92. **oṁ avyaktāya namaḥ**
...der schwer zu verstehen ist.

93. **oṁ gītāmṛta mahodadhaye namaḥ**
...dem Ozean, der den Nektar der Bhagavad Gîta enthält.

94. **oṁ kālīyaphaṇi māṇikya rañjita śrī padāmbhujāya namaḥ**
...dessen Lotusfüße mit Edelsteinen von den Hauben der vielköpfigen Schlange Kâlîya geschmückt sind.

95. **oṁ dāmodarāya namaḥ**
...der sich von seiner Mutter mit einem Strick um den Bauch am Stampfer des Getreidemörsers festbinden ließ.

96. **oṁ yajñabhoktre namaḥ**
...der die ihm dargebrachten Opferungen annimmt.

97. **oṁ dānavendra vināśakāya namaḥ**
...der den Anführer der Âsuras (Dämonen) vernichtete.

98. **oṁ nārāyaṇāya namaḥ**
...der sich als Nârâyana offenbarte.

99. **oṁ parabrahmaṇe namaḥ**
...der das Höchste Absolute verkörpert.

100. **oṁ pannagāśana vāhanāya namaḥ**
...der auf der Schlange Adisesha ruht.

101. **oṁ jalakrīdāsamāśakta gopi vastrāpahārakāya namaḥ**
...der als Göttliches Spiel die am Ufer zurückgelassenen Kleider der Gopies versteckte, als sie in dem Fluß Yamunâ badeten.

102. **oṁ puṇya-ślokāya namaḥ**
...dessen lobende Worte Segnungen gleichkommen.

103. **oṁ tirthapādāya namaḥ**
...dessen Füße heilig sind.

104. **oṁ vedavedyāya namaḥ**
...der der Ursprung der Véden ist.

105. **oṁ dayānidhaye namaḥ**
...der vor Mitgefühl überfließt.

106. **oṁ sarva bhūtātmakāya namaḥ**
...der alle Elemente beseelt

107. **oṁ sarvagraha rūpiṇe namaḥ**
...dem Ursprung aller Erscheinungen.

108. **oṁ parātparāya namaḥ**
...der über allem steht.

Die 108 Namen von Shiva

Wir preisen Shiva...

1. **oṁ śrī śivāya namaḥ**
...Srî Shiva.
2. **oṁ maheśvarāya namaḥ**
...den höchsten Gott (Shiva).
3. **oṁ śambhave namaḥ**
...der sich einzig für unser Glück offenbart.
4. **oṁ pinākine namaḥ**
...der den Pfad des dharma bewahrt
5. **oṁ śaśiśekharāya namaḥ**
...der die Mondsichel in seinen Haaren trägt.
6. **oṁ vāmadevāya namaḥ**
...der in jeder erdenklichen Weise angenehm und glückverheißend ist.
7. **oṁ virupākṣāya namaḥ**
...dessen Gestalt makellos ist.
8. **oṁ kapardine namaḥ**
...der dicke, verfilzte Haare hat.
9. **oṁ nīlalohitāya namaḥ**
...der wie die Morgensonne leuchtet.
10. **oṁ śankarāya namaḥ**
...den Ursprung von allem Wohlstand.
11. **oṁ śūlapāṇaye namaḥ**
...der einen Speer trägt.
12. **oṁ khatvāṅgine namaḥ**
...der eine Keule trägt, die in einem Totenkopf endet.
13. **oṁ viṣṇuvallabhāya namaḥ**
...der von Vishnu besonders geschätzt und geliebt wird.
14. **oṁ śipiviṣṭāya namaḥ**
...aus dessen Gestalt mächtige Lichtstrahlen strömen.

15. **oṁ ambikānāthāya namaḥ**
...den Gatten der Ambika.
16. **oṁ śrīkaṇṭāya namaḥ**
...dessen Kehle blau gefärbt ist.
17. **oṁ bhaktavatsalāya namaḥ**
...der seine Anhänger liebt wie die Kuh ihr neugeborenes Kälbchen.
18. **oṁ bhavāya namaḥ**
...der das Leben selbst verkörpert.
19. **oṁ sarvāya namaḥ**
...der sich in allem offenbart.
20. **oṁ trilokeśāya namaḥ**
...den Herrn der drei Welten.
21. **oṁ śitikaṇṭhāya namaḥ**
...der die ursprüngliche Seele verkörpert und dessen Kehle tiefblau ist.
22. **oṁ śivāpriyāya namaḥ**
...der von Shakti geliebt wird.
23. **oṁ ugrāya namaḥ**
...dessen Gegenwart furchteinflößend und überwältigend ist.
24. **oṁ kapāline namaḥ**
...der einen menschlichen Schädel als Bettelschale benützt.
25. **oṁ kāmāraye namaḥ**
...der alle Begierden bezwingt.
26. **oṁ andhakāsura sūdanāya namaḥ**
...der den Dämon Andhaka tötete.
27. **oṁ gaṅgādharāya namaḥ**
...der den Fluß Ganges in seinem Haar auffängt.
28. **oṁ lalāṭākṣāya namaḥ**
...der gerne als Schöpfer tätig ist.
29. **oṁ kālakālāya namaḥ**
...dem Tod des Todes.

30. **oṁ kṛpānidhaye namaḥ**
...der vor Mitgefühl überfließt.
31. **oṁ bhīmāya namaḥ**
...der ehrfurchtgebietend ist.
32. **oṁ paraśu hastāya namaḥ**
...der eine Axt in Händen hält.
33. **oṁ mṛgapāṇaye namaḥ**
...der sich um die in der Wildnis verlorenen Seelen kümmert.
34. **oṁ jaṭādharāya namaḥ**
...der seine verfilzten Haare in einem Knoten auf dem Kopf trägt.
35. **oṁ kailāsavāsine namaḥ**
...der am Berg Kailash wohnt.
36. **oṁ kavacine namaḥ**
...der eine Rüstung trägt.
37. **oṁ kaṭhorāya namaḥ**
...der alles Wachstum hervorruft.
38. **oṁ tripurāntakāya namaḥ**
...der die drei Dämonenstädte vernichtete.
39. **oṁ vṛṣankāya namaḥ**
...dem als Erkennungszeichen ein Stier zugeordnet wird.
40. **oṁ vṛṣabhārūḍhāya namaḥ**
...der auf einem Stier reitet.
41. **oṁ bhasmoddhūlita vigrahāya namaḥ**
...dessen ganzer Körper mit heiliger Ashe beschmiert ist.
42. **oṁ sāmapriyāya namaḥ**
...der die Hymnen des Sâma Véda besonders schätzt.
43. **oṁ svaramayāya namaḥ**
...der die Welt (Maya) aus Klang entstehen läßt.
44. **oṁ trayīmūrtaye namaḥ**
...der in drei Gestalten verehrt wird.

45. **oṁ anīśvarāya namaḥ**
...der unangefochten ist.
46. **oṁ sarvajñāya namaḥ**
...der alle Dinge kennt.
47. **oṁ paramātmane namaḥ**
...der das höchste Selbst verkörpert.
48. **oṁ somasūrāgni locanāya namaḥ**
...der das Licht in den Augen von Soma, Surya und Agni ist.
49. **oṁ haviṣe namaḥ**
...dem ghee (Butteröl) als Opfergabe dargeboten wird.
50. **oṁ yajñamayāya namaḥ**
...der alle Opferhandlungen geschaffen hat.
51. **oṁ somāya namaḥ**
...der sich (in der Vision der Mystiker) als glänzendes Mondlicht offenbart.
52. **oṁ pañcavaktrāya namaḥ**
...der über die fünf Arten von Handlungen herrscht.
53. **oṁ sadāśivāya namaḥ**
...der ewig glückverheißend und wohlwollend ist.
54. **oṁ viśveśvarāya namaḥ**
...den alldurchdringenden Herrscher des Universums.
55. **oṁ vīrabhadrāya namaḥ**
...den Ersten unter den Helden.
56. **oṁ gaṇanāthāya namaḥ**
...den Höchsten Herrn der Ganas (himmlische Gefolge Shivas).
57. **oṁ prajāpataye namaḥ**
...dem Schöpfer von allen Wesen, die sich bewegen.
58. **oṁ hiraṇyaretase namaḥ**
...aus dem goldene Seelen hervorströmen.
59. **oṁ durdharṣaya namaḥ**
...der unbesiegbar ist.

60. **oṁ girīśāya namaḥ**
...den König auf dem heiligen Berg Kailash.
61. **oṁ giriśāya namaḥ**
...den Herrscher über das Himâlayagebirge.
62. **oṁ anaghāya namaḥ**
...der keinerlei böse Absichten verfolgt, auch wenn er manchmal furchterregend wirkt.
63. **oṁ bujaṅgabhūṣaṇāya namaḥ**
...der mit goldenen Schlangen geschmückt ist.
64. **oṁ bhargāya namaḥ**
...den ersten unter den Rishis.
65. **oṁ giridhaṇvane namaḥ**
...dessen Waffe ein Berg ist.
66. **oṁ giripriyāya namaḥ**
...der Berge liebt.
67. **oṁ kṛttivāsase namaḥ**
...der Tierhäute trägt.
68. **oṁ purārātaye namaḥ**
...der in der Wildnis zu Hause ist.
69. **oṁ bhagavate namaḥ**
...der über den Wohlstand herrscht.
70. **oṁ pramathādhipāya namaḥ**
...den Herrscher über die Kobolde.
71. **oṁ mṛtyuñjayāya namaḥ**
...der den Tod bezwingt.
72. **oṁ sūkṣmatanave namaḥ**
...der feiner als das Feinste ist.
73. **oṁ jagadvyāpine namaḥ**
...der die ganze Welt durchdringt.
74. **oṁ jagadgurave namaḥ**
...den Guru aller Welten.

75. **oṁ vyomakeśāya namaḥ**
...dessen Haare der sich ausdehnende Himmel sind.

76. **oṁ mahāsenajanakāya namaḥ**
...den Ursprung von Mahâsenâ (Kartikeya).

77. **oṁ cāruvikramāya namaḥ**
...den Beschützer der wandernden Pilger.

78. **oṁ rudrāya namaḥ**
...der vererhungswürdig ist.

79. **oṁ bhūtapataye namaḥ**
...den Ursprung aller lebenden Wesen.

80. **oṁ sthāṇave namaḥ**
...die sicher stehende, bewegungslose Gottheit.

81. **oṁ ahirbudhnyāya namaḥ**
...der auf die Erweckung der schlafenden Kundalini wartet.

82. **oṁ digambarāya namaḥ**
...dessen Gewand sich als Kosmos offenbart.

83. **oṁ aṣṭamūrtaye namaḥ**
...der acht Formen hat.

84. **oṁ anekātmane namaḥ**
...der die eine Seele in allen Seelen ist.

85. **oṁ sātvikāya namaḥ**
...der über unerschöpfliche Energie verfügt.

86. **oṁ śuddha vigrahāya namaḥ**
...der frei von Zweifeln und Streit ist.

87. **oṁ śāśvatāya namaḥ**
...der unendlich und unvergänglich ist.

88. **oṁ khaṇḍaparaśave namaḥ**
...der die Verzweiflung des Geistes beseitigt.

89. **oṁ ajāya namaḥ**
...der alles Geschehen antreibt.

90. **oṁ pāpavimocakāya namaḥ**
...der alle Fesseln sprengt.

91. **oṁ mṛdāya namaḥ**
...der nur Gnade zeigt.

92. **oṁ paśupataye namaḥ**
...der über alle sich entwickelnden Seelen herrscht.

93. **oṁ devāya namaḥ**
...der Gott selbst ist.

94. **oṁ mahādevāya namaḥ**
...den großen Gott.

95. **oṁ avyayāya namaḥ**
...den Einen, der sich nie verändert.

96. **oṁ haraye namaḥ**
...der alle Bindungen auflöst.

97. **oṁ pūsadantabhide namaḥ**
...der Pushan bestrafte.

98. **oṁ avyagrāya namaḥ**
...der beständig und unerschütterlich ist.

99. **oṁ dakṣādhvaraharāya namaḥ**
...der das überhebliche Opfer von Daksha zerstörte.

100. **oṁ harāya namaḥ**
...der den Kosmos auflöste.

101. **oṁ bhaganetrabhide namaḥ**
...der Bhaga lehrte, klarer zu sehen.

102. **oṁ avyaktāya namaḥ**
...der sehr fein und unsichtbar ist.

103. **oṁ sahasrākṣāya namaḥ**
...der unzählige Formen annimmt.

104. **oṁ sahasrapade namaḥ**
...der überall steht und geht.

105. **oṁ apavargapradāya namaḥ**
...der alle Dinge schenkt und wieder zurücknimmt.

106. **oṁ anantāya namaḥ**
...der unendlich ist.

107. **oṁ tārakāya namaḥ**
...den großen Befreier der Menschheit, der über den Ozean des Seins führt.

108. **oṁ parameśvarāya namaḥ**
...den Höchsten Herrn.

Die 108 Namen von Sri Rama

Wir verneigen uns vor Sri Rama...

1. **oṁ śrī rāmāya namaḥ**
...der uns Glück bringt.
2. **oṁ rāmabhadrāya namaḥ**
...dem Glückverheißenden.
3. **oṁ rāmachandrāya namaḥ**
...der wie der Mond leuchtet.
4. **oṁ śāśvatāya namaḥ**
...der ewig währt.
5. **oṁ rājivalochanāya namaḥ**
...dem Lotusäugigen
6. **oṁ śrīmate namaḥ**
...in dessen Reich Lakshmî die Königin ist.
7. **oṁ rājendrāya namaḥ**
...dem König der Könige
8. **oṁ raghupungavāya namaḥ**
...dem Siegreichsten der Raghu-Dynastie.
9. **oṁ jānakī vallabhāya namaḥ**
...dem Geliebten der Jânaki.
10. **oṁ jaitrāya namaḥ**
...der den Triumph davonträgt.
11. **oṁ jitāmitrāya namaḥ**
...der die Feinde bezwingt.
12. **oṁ janārdhanāya namaḥ**
...bei dem die Menschen Zuflucht finden.
13. **oṁ viśvāmitra priyāya namaḥ**
...dem geliebten Herrn des Weisen Vishvamitra.
14. **oṁ dāntāya namaḥ**
...der selbstbeherrscht ist.

15. **oṁ śaraṇatrāṇa tatparāya namaḥ**
...der alle Lebewesen beschützt,die bei ihm Zuflucht suchen.

16. **oṁ bāli pramathanāya namaḥ**
...der als Vamana Bâli bezwang.

17. **oṁ vāgmine namaḥ**
...dessen Worte beredt sind.

18. **oṁ satyavāche namaḥ**
...der die Wahrheit spricht.

19. **oṁ satyavikramāya namaḥ**
...der die Wahrheit mutig verteidigt.

20. **oṁ satyavratāya namaḥ**
...dessen Gelübde aufrichtig sind.

21. **oṁ vratadharāya namaḥ**
...der seine Gelübde treu erfüllt.

22. **oṁ sadā hanumadāśritāya namaḥ**
...dem Hanuman ewig dient.

23. **oṁ kausaleyāya namaḥ**
...dem Sohn von Kausalya.

24. **oṁ kharadhvamsine namaḥ**
...der den Dämon Khara vernichtete.

25. **oṁ virādha vanapaṇḍitāya namaḥ**
...der den Dämon Virâdha meisterhaft bezwang.

26. **oṁ vibhīṣaṇa paritrātre namaḥ**
...dem Beschützer von Vibhîsana.

27. **oṁ kōdaṇḍa khaṇḍanāya namaḥ**
...der den großen Bogen zerbrach.

28. **oṁ saptatala prabhedre namaḥ**
...der die sieben Ebenen des Seins durchdringt.

29. **oṁ daśagrīva śirodharāya namaḥ**
...der die Köpfe Râvanas abschlug.

30. **oṁ jāmadagnya mahādarppa dalanāya namaḥ**
...der Parasurâmas Stolz brach.
31. **oṁ tāṭakāntakāya namaḥ**
...der Tâtaka tötete.
32. **oṁ vedānta sārāya namaḥ**
...der die Essenz der Véden offenbart.
33. **oṁ vedātmane namaḥ**
...dem Selbst derVeden.
34. **oṁ bhavarogasya bheṣajāya namaḥ**
...der die Krankheit des Werdens heilt.
35. **oṁ dūṣanatri śirohantre namaḥ**
...der Dushanas Kopf abschlug.
36. **oṁ trimūrtaye namaḥ**
...der Verkörperung der drei Götter.
37. **oṁ triguṇātmakāya namaḥ**
...dem Ursprung der drei Gunas (Eigenschaften).
38. **oṁ trivikramāya namaḥ**
...der sich als Vamana offenbart.
39. **oṁ trilokātmane namaḥ...**
...dem Ursprung der drei Welten.
40. **oṁ puṇyachāritra kīrtanāya namaḥ**
...dessen Geschichte zu singen, sehr verdienstvoll ist.
41. **oṁ triloka rakṣakāya namaḥ**
...dem Beschützer der drei Welten.
42. **oṁ dhanvine namaḥ**
...dem Bogenschützen.
43. **oṁ daṇḍakāraṇya kartanāya namaḥ**
...der im Dandaka Wald wohnte.
44. **oṁ ahalyā śāpaśamanāya namaḥ**
...der Ahalyâs Fluch beseitigte.
45. **oṁ pitru bhaktāya namaḥ**
...der seinen Vater Dasaratha verehrt.

46. **oṁ vara pradāya namaḥ**
...der Segnungen erteilt.
47. **oṁ jitendriyāya namaḥ**
...der die Sinne überwand.
48. **oṁ jitakrodhāya namaḥ**
...der den Zorn bezwang.
49. **oṁ jitāmitrāya namaḥ**
...der leicht Freunde für sich gewinnt.
50. **oṁ jagad gurave namaḥ**
...der der Guru der Welt ist.
51. **oṁ ṛkṣa vānara saṅghātine namaḥ**
...der das Affenheer aufstellte.
52. **oṁ chitrakūṭa samāśrayāya namaḥ**
...der am Chitrakuta-Hügel Zuflucht suchte.
53. **oṁ jayanta trāṇa varadāya namaḥ**
...der Jayanta segnete.
54. **oṁ sumitrā putra sevitāya namaḥ**
...dem Sumitras Sohn (Lakshmana)dient.
55. **oṁ sarva devādhi devāya namaḥ**
...dem Herrn über alle Götter.
56. **oṁ mṛtavānara jīvanāya namaḥ**
...der die toten Affen nach der Schlacht wieder zum Leben erweckte.
57. **oṁ māyāmarīcha hantre namaḥ**
...dem Vernichter des Illusion erzeugenden Dämons Marîcha.
58. **oṁ mahādevāya namaḥ**
...dem großen Gott.
59. **oṁ mahābhūjāya namaḥ**
...dessen Arme stark sind.
60. **oṁ sarvadeva stutāya namaḥ**
...der von allen Göttern gepriesen wird.

61. **oṁ saumyāya namaḥ**
...der ruhig und gelassen ist.
62. **oṁ brahmanyāya namaḥ**
...der die Absolute Wirklichkeit offenbart.
63. **oṁ muni samstutāya namaḥ**
...der von Weisen gepriesen wird.
64. **oṁ mahāyōgine namaḥ**
...dem großen Yogi.
65. **oṁ mahādārāya namaḥ**
...der edelmütig ist.
66. **oṁ sugrīvepsita rājyadaye namaḥ**
...der das Königreich an Sugriva zurückgab.
67. **oṁ sarva puṇyādhi kaphalāya namaḥ**
...der die Früchte guter Taten verteilt.
68. **oṁ smṛta sarvāgha nāśanāya namaḥ**
...der alle Leiden beseitigt.
69. **oṁ ādipuruṣāya namaḥ**
...dem ursprünglichen Wesen.
70. **oṁ paramapuruṣāya namaḥ**
...der höchsten Persönlichkeit.
71. **oṁ mahāpuruṣāya namaḥ**
...dem großen Wesen.
72. **oṁ puṇyodayāya namaḥ**
...dem Ursprung aller Segnungen.
73. **oṁ dayāsārāya namaḥ**
...der Mitgefühl verkörpert.
74. **oṁ purāṇa puruṣōttamāya namaḥ**
...der ältesten Persönlichkeit.
75. **oṁ smita vaktrāya namaḥ**
...der durch sein Lächeln zu uns spricht.
76. **oṁ mita bhāṣine namaḥ**
...der mit Zurückhaltung spricht.

77. **oṁ pūrva bhāṣine namaḥ**
...der selten spricht.
78. **oṁ rāghavāya namaḥ**
...dem Sprößling der Râghu-Dynastie.
79. **oṁ ananta guṇagambhīrāya namaḥ**
...der unzählige königliche Eigenschaften hat.
80. **oṁ dhīrodātta guṇottamāya namaḥ**
...der heldenhafte Eigenschaften besitzt.
81. **oṁ māyā mānuṣa charitrāya namaḥ**
...der sich durch seine Mâyâ als Mensch inkarnierte.
82. **oṁ mahādevādi pūjitāya namaḥ**
...der von Gott Shiva verehrt wird.
83. **oṁ setukṛte namaḥ**
...der die Brücke nach Sri Lanka baute.
84. **oṁ jita vārāśaye namaḥ**
...der die Begierden bezwang.
85. **oṁ sarva tīrthamayāya namaḥ**
...der die Summe aller heiligen Orte verkörpert.
86. **oṁ haraye namaḥ**
...dem Zerstörer.
87. **oṁ śyāmāṅgāya namaḥ**
...dem Dunkelhäutigen.
88. **oṁ sundarāya namaḥ**
...der von großer Schönheit ist.
89. **oṁ surāya namaḥ**
...dem göttlichen Herrn.
90. **oṁ pītavāsase namaḥ**
...der ein gelbes Gewand trägt.
91. **oṁ dhanurdharāya namaḥ**
...der einen Bogen trägt.
92. **oṁ sarva yajñādhipāya namaḥ**
...der über das Opfer herrscht.

93. oṁ yajvine namaḥ
...der Opfer darbringt.

94. oṁ jarāmaraṇa varjitāya namaḥ
...dem Sieger über Geburt und Tod.

95. oṁ vibhīṣaṇa pratiṣṭhātre namaḥ
...der Vibhîshana auf den Thron setzte.

96. oṁ sarvābharaṇa varjitāya namaḥ
...der allen Schmuck ablegte.

97. oṁ paramātmane namaḥ
...der das höchste Selbst verkörpert.

98. oṁ parabrahmaṇe namaḥ
...der das höchste Absolute offenbart.

99. oṁ saccidānanda vigrahāya namaḥ
...der Sein, Bewußtsein und Glückseligkeit verkörpert.

100. oṁ parasmai jyotiṣe namaḥ
...der sich als höchstes Licht offenbart.

101. oṁ parasmai dhāmne namaḥ
...der über das höchste Reich herrscht.

102. oṁ parākāśāya namaḥ
...der sich als höchsten Raum offenbart.

103. oṁ parātparāya namaḥ
...der über das Höchste hinausgeht.

104. oṁ pareśāya namaḥ
...dem Höchsten Gott.

105. oṁ pārakāya namaḥ
...der seine Anhänger über das Meer von Geburt und Tod (samsâra) begeleitet.

106. oṁ parāya namaḥ
...dem Höchsten Wesen.

107. oṁ sarva devātmakāya namaḥ
...dem Ursprung aller Götter.

108. oṁ parasmai namaḥ
...der über allem steht.

ॐ

HINWEISE ZUR AUSSPRACHE

VOKALE

A	kurzes a wie in Bann
Ā	langes a wie in Bahn
E	langes e wie in Sehne
AI	ei wie in bei, manchmal jedoch auch wie Englisch: say, z.B. in Amrtesvaryai
I	kurzes i wie in Minne
Ī	langes i wie in Miene
O	langes o wie in Bohne
AU	o wie in Englisch: go
Ṛ	r retroflex leicht gerollt und s. unten*
U	kurzes u wie in Bus
Ū	langes u wie in Buße

KONSONANTEN

K	k wie in Kamm**
KH	kh wie in schalkhaft***
G	g wie in Gold**
GH	gh wie in taghell***
Ṅ	ng wie in Rang
P	p wie in Park**
PH	ph wie in Knappheit***
B	b wie in Bild**
BH	bh wie in glaubhaft***
M	m wie in Mutter
Ṁ	meist wie m in Gemse, (manchmal jedoch nasaliert, je nach Folgekonsonant)

Ḥ h+Vokal bei kurzem Endvokal unausgesprochen wie in shantih (shanti), bei kurzem Endvokal im absoluten Auslaut (vor einer Sprechpause) wie in shantih, shantih, shantih (shanti, shanti, shantihi), bei langem Endvokal wie in lokah (lokaha)

T t wie in Tonne**
Ṭ t retroflex ähnlich wie t, s. unten*
TH th wie in Berthold***
ṬH th retroflex ähnlich wie th, s. unten*
D d wie in Donner**
Ḍ d retroflex ähnlich wie d, s. unten*
DH dh wie in schadhaft***
ḌH dh retroflex ähnlich wie dh, s. unten*
Ṇ n retroflex ähnlich wie Knabe
C tsch wie in Kutsche**
CH tsch+h wie in Kutschhof***
J dsch wie in Dschungel
JH dsch+h wie Englisch: 'hedgehog'
Ñ nj wie in Sonja
Ṣ sch retroflex lispelnd und s. unten*
Ś sch wie in wischen
S s wie in Maus

* retroflexer Buchstabe, d.h. die Zunge wird stark zurückgebogen und berührt den Gaumen

** wird nicht aspiriert (gehaucht) wie im Deutschen (eine Kerzenflamme direkt vor dem Mund darf nicht ausgehen)

*** wird hörbarer gehaucht als im Deutschen

Glossar

abhisheka Weihen durch Besprühen mit Wasser und anderen heiligen Flüssigkeiten z.B. des Bildes eines Heiligen.

arati am Ende eines Gottesdienstes wird einem(r) Heiligen, oder der Gottheit in einem Tempel, Licht in einer Schale mit brennendem Kampfer dargebracht. Diese wird kreisförmig geschwenkt, und dazu wird eine kleine Glocke geläutet. Kampfer läßt beim Verbrennen keine Asche zurück. Er symbolisiert damit die völlige Aufopferung des Egos vor Gott.

archana eine Form der Gottesverehrung, bei welcher die 108 oder 1000 Namen einer Gottheit rezitiert werden.

Atman das wahre Selbst. Einer der grundlegenden Lehrsätze des Sanatana Dharma (Hinduismus) ist, daß wir nicht der physische Körper, die Gefühle, der Verstand, der Intellekt oder die Persönlichkeit sind. Wir sind das ewige, reine, unbefleckte Selbst.

atma shakti die Energie des Selbst oder der Seele.

Aum die Heilige Silbe. Uranfänglicher Klang oder Schwingung, Brahman und die gesamte Schöpfung beinhaltend. Aum oder Om ist das Hauptmantra; es wird oft dem Anfang anderer Mantren vorangestellt.

bhajans andachtsvolle Lieder oder Lobgesänge zu Ehren Gottes.

Brahma der Schöpfergott: Name des Schöpfergottes, der die Entstehung des Universums bewirkt.

Brahmachari(ni) ein(e) religiös Strebender, der/die sich spirituellen Übungen unterzieht und gegebenenfalls die ersten Mönchsgelübde abgelegt hat. Lebt in Ehelosigkeit, Keuschheit und Enthaltsamkeit.

Brahman die absolute Wirklichkeit, das Ganze, das Höchste Sein jenseits aller Namen und Formen, welches alles umfaßt und durchdringt, welches Eins und unteilbar ist.

darshan die Begegnung mit einem(r) Heiligen oder die Vision einer Gottheit.

Deva göttliche, himmlische Wesen; sie sind in gewissem Sinne dem vergleichbar, was die christliche Lehre unter dem Begriff Engel oder Engelhierachie versteht.

Devi die Göttin, die Göttliche Mutter.

dharma "Das, welches das Universum bewahrt." Dharma hat viele Bedeutungen wie: das Göttliche Gesetz, das Lebensgesetz, in Übereinstimmung mit der göttlichen Harmonie, Rechtschaffenheit, Religion, Pflicht, Verantwortung, Tugend, Gerechtigkeit, Güte und Wahrheit. Dharma bezeichnet die inneren Grundsätze der Religion. Das dharma des Menschen ist, seine eingeborene Göttlichkeit zu verwirklichen.

Ganesha Name des Sohnes von Shiva und Parvati. Gott der Weisheit und Beseitiger der Hindernisse. Viele religiöse Zeremonien (*pujas)* beginnen mit der Anrufung *Ganeshas.*

Guru spiritueller Meister.

gurukula der Ashram eines Guru mit Schulunterricht, wo die Schüler durch Studium und selbstlose Arbeit grundlegendes spirituelles und weltliches Wissen erlangen.

Gita das „Lied", ein Kurztitel für *Bhagavat Gita.*

Kali die Dunkle, die Schwarze, die Göttin der Zeit. Ein Name für Parvati in ihrem zerstörerischen, schreckenerregenden Aspekt. Sie gilt als Zerstörerin der Unwissenheit, der Täuschung und des Todes, die auch Weisheit und Befreiung gewährt.

Kamsa der dämonische Onkel von Lord Krishna, der versuchte, Krishna zu töten, dann aber von Krishna getötet wurde.

Krishna die wichtigste Inkarnation von Vishnu. Er wurde in einer königlichen Familie geboren, wuchs aber bei Pflegeeltern auf und lebte als junger Kuhhirte in Vrindavan, wo er von seinen ihm ergebenen Gespielen, den Gopis und Gopas, geliebt und verehrt wurde. Er war ein Vetter und Berater der Pandavas, besonders von Arjuna, welchem er die Lehren der Bhagavad Gita vermittelte.

kundalini „die Schlangenkraft", spirituelle Energie.

lila das göttliche Spiel. Die Bewegungen und Aktivitäten des Göttlichen, welche von Natur aus frei sind und nicht unseren Naturgesetzen unterliegen.

Mantra Heilige Formel – oder Gebet – welche unaufhörlich wiederholt wird. Dadurch werden die schlafenden spirituellen Fähigkeiten geweckt, und unser Wesen wird gereinigt. Das Mantra hilft, das Ziel zu erreichen; es ist am wirkungsvollsten, wenn man es von einem Meister erhält.

maya "Täuschung." Der göttliche "Schleier," hinter welchem Gott sich während seines Schöpfungsspiels verbirgt und so den Eindruck der Vielheit und die Täuschung der Trennung schafft. Weil Maya die Wirklichkeit verhüllt, führt sie uns in die Irre, indem sie uns glauben macht, daß Vollkommenheit und Zufriedenheit außerhalb von uns selbst gefunden werden können.

Om der kosmische Laut, der in tiefer Meditation gehört werden kann.

prasad geweihte Gaben, die am Ende einer spirituellen Zeremonie (*puja*) verteilt werden.

Puja Verehrung, Zeremonie, Gottesdienst. In Indien gibt es zahlreiche Formen von *pûjâs,* die dem spirituellen Meister oder Gott in einer bestimmten Gestalt gewidmet sind. Meist werden dabei Früchte, Blumen, Räucherwerk u.a. geopfert.

Rama der Göttliche Held im Epos Ramayana. Eine Inkarnation von Vishnu. Er gilt als Ideal der Rechtschaffenheit.

rishis selbstverwirklichter Seher. Bezieht sich meistens auf die sieben Rishis des alten Indiens, d.h. selbstverwirklichte Seelen, welche die Höchste Wahrheit "sehen" konnten und diese „Schauungen" in den Veden niederschrieben.

sankalpa ein schöpferischer, integraler Entschluß. Das Sankalpa eines vollendeten Wesens wird unausweichlich das angestrebte Ergebnis bringen.

Saraswati Gemahlin Brahmas. Göttin der Rede, der Gelehrsamkeit und Intuition, des göttlichen Wortes. Sie ist auch Schutzherrin der Künste, insbesondere der Musik. Saraswati ist der unterirdische, nicht sichtbare Strom der Weisheit, der sich durch alle Zeiten hindurch erhält und den Menschen, die dazu bereit sind, den Weg zur Gotteserkenntnis weist.

satsang Zusammensein mit Heiligen.

Satguru ein gottverwirklichter spiritueller Meister.

shakti die Universelle Mutter, der dynamische Aspekt von Brahman.

shanti Frieden.

Shiva "Der Gunstvolle, der Gnädige, der Gütige." Eine Form des Höchsten Wesens. Das männliche Prinzip, der statische Aspekt von Brahman. Shiva ist auch der Aspekt der Dreifaltigkeit, der die Zerstörung dessen, was nicht wirklich ist, einleitet.

shraddha Sorgfalt, Aufmerksamkeit, Glaube.

siddhi Erfolg, Erfüllung, verborgene Kraft. Mit dem Begriff *siddhi* werden in den *Yogasutras* des *Patanjali* Fähigkeiten bezeichnet, die über die normal üblichen Fähigkeiten des Menschen hinausgehen und oft als wunderbar erscheinen.

sloka Vers.

Upanishaden Der letzte Teil der Veden, der das Wesen des Absoluten (Brahman), der transzendenten Wirklichkeit und des wahren Selbst behandelt.

vairagya Nichtanhaftung

Vedanta "Veda-Ende." Die Philosophie der Upanishaden, die Zusammenfassung der Veden. Vedanta lehrt, daß die endgültige Wahrheit "Eins und unteilbar" ist.

Veden "Wissen, Weisheit." Die alten Heiligen Schriften des Hinduismus. Eine Sammlung heiliger Texte in vier Teilen: Rig, Yajur, Sama und Atharva Veda. Insgesamt 100.000 Verse und zusätzlich Prosa. Der älteste Teil wurde um vermutlich 6000 v.Chr. komponiert und zwischen 2000 - 500 v.Chr. in Sanskrit niedergeschrieben. Sie gehören zu den ältesten Schriften der Welt. Die Veden werden als direkte Enthüllung der Höchsten Wahrheit betrachtet, die Gott den Rishis gewährte.

Vishnu "Der All-Durchdringende." Ein Name Gottes. Vishnu kommt jedesmal dann als göttliche Inkarnation zur Erde, wenn die Welt seine Gnade besonders benötigt. Meist wird er in der Form von zwei Inkarnationen verehrt: Krishna und Rama. Vishnu repräsentiert innerhalb der göttlichen Dreiheit auch den Aspekt der Erhaltung des Universums.